理论与实践的
高校篮球运动教学研究

梁 潇 ◎ 著

中国书籍出版社
China Book Press

图书在版编目(CIP)数据

理论与实践的高校篮球运动教学研究/梁潇著.
北京:中国书籍出版社,2024.8.
--ISBN 978-7-5068-9978-9

Ⅰ.G841.2

中国国家版本馆 CIP 数据核字第 2024U9N911 号

理论与实践的高校篮球运动教学研究

梁 潇 著

图书编辑	成晓春
责任编辑	吴化强
封面设计	博健文化
责任印制	孙马飞　马　芝
出版发行	中国书籍出版社
地　　址	北京市丰台区三路居路 97 号(邮编:100073)
电　　话	(010)52257143(总编室)　(010)52257140(发行部)
电子邮箱	eo@chinabp.com.cn
经　　销	全国新华书店
印　　刷	北京市怀柔新兴福利印刷厂
开　　本	710 毫米×1000 毫米　1/16
字　　数	197 千字
印　　张	11.5
版　　次	2025 年 1 月第 1 版
印　　次	2025 年 1 月第 1 次印刷
书　　号	ISBN 978-7-5068-9978-9
定　　价	72.00 元

版权所有　翻印必究

前　言

篮球运动深受广大人民群众的喜爱，在我国有着十分广泛的群众基础。其本身具有的时空对抗、集体协同、健身娱乐等特点，不仅有利于人们提高身体健康水平、提高运动能力，而且还有利于人们保持心理健康，培养良好的意志品质以及提高自信心。可以说，篮球运动对于人们身心素质的全面发展起着十分积极的促进作用。

篮球教学与训练是高校体育教育的重要组成部分，对大学生学习、掌握篮球运动基本知识和基本技能有着重要的指导作用。同时，大学生参与篮球运动不仅有利于增进健康、丰富课余生活，也可以培养顽强拼搏、团结协作等优良品质。高校体育教师在篮球教学中，应将理论与实践相结合，以提升教学效果。

本书从理论与实践两个角度对高校篮球运动教学展开研究，旨在为高校篮球教学提供新方法和新路径。笔者在撰写本书的过程中，参考了许多专家和学者的文献资料，在此致以诚挚的谢意。随着现代教育技术的快速发展，新的教学方法与思想不断涌现，书中不妥之处在所难免，敬请读者批评指正。

目 录

第一章　篮球运动概述 …………………………………………… 1
第一节　篮球运动的起源与发展 ………………………………… 1
第二节　篮球运动的特点与价值 ………………………………… 6
第三节　篮球运动技战术的发展演变 …………………………… 14

第二章　高校篮球运动教学的基本理论 ………………………… 22
第一节　高校篮球运动教学的内容与原则 ……………………… 22
第二节　高校篮球运动教学的方法与模式 ……………………… 27

第三章　高校篮球运动教学的开展与组织实施 ………………… 36
第一节　篮球运动负荷及其合理安排 …………………………… 36
第二节　高校篮球运动教学课的组织与实施 …………………… 39

第四章　高校篮球运动教学要素的优化策略 …………………… 49
第一节　高校篮球运动教学内容的优化 ………………………… 49
第二节　高校篮球运动教学方法的优化 ………………………… 54
第三节　高校篮球运动教学模式的优化 ………………………… 60

第五章　高校篮球运动体能与心理训练 …………………………… 65
第一节　高校篮球运动体能训练 ……………………………… 65
第二节　高校篮球运动心理训练 ……………………………… 79

第六章　高校篮球运动技术训练 …………………………………… 94
第一节　移动技术及运球技术 ………………………………… 94
第二节　传接球技术及投篮技术 ……………………………… 109
第三节　持球突破技术及防守对手 …………………………… 126

第七章　高校篮球运动教学与游戏 ………………………………… 133
第一节　篮球游戏的基本理论 ………………………………… 133
第二节　高校篮球运动教学体能类游戏 ……………………… 138
第三节　高校篮球运动教学技术类游戏 ……………………… 147
第四节　高校篮球运动教学综合能力类游戏 ………………… 156

第八章　篮球运动的安全营养保健 ………………………………… 160
第一节　篮球运动的合理营养补充 …………………………… 160
第二节　篮球运动的疲劳与消除 ……………………………… 168

参考文献 ……………………………………………………………… 175

第一章 篮球运动概述

篮球运动是一项充满激情与趣味性的对抗性球类运动,了解篮球运动的基本知识有助于提高运动者的篮球运动文化素养,同时为其从事篮球运动实践奠定良好的知识基础。

第一节 篮球运动的起源与发展

一、篮球运动的起源

(一)篮球运动产生的社会背景

现代篮球运动是在特定的社会条件下产生的,并随着社会的不断变化而得到进一步的发展和完善。19世纪中叶以后,欧洲产业革命引起生产劳动技术的创新,对生产力的大幅度提高起到了积极的促进作用。与此同时,人们的思想观念也开始发生一定的转变,追求更加健康、文明的生活方式。另外,由于经济的发展和国力的增强,科教文化事业的受重视程度也越来越高,这些都在一定程度上为篮球运动的产生奠定了坚实的基础。

(二)篮球运动的游戏雏形与形成

为了使新的运动项目达到预期的效果,人们对其提出了三个基本的要求。

第一,这种运动项目要与枯燥的古典体操和美式足球有所区别,既具有对抗性,又要体现出文明性特征。

第二,这种运动项目不能受到时间、场地和天气等因素的影响,既可以在白天进行，又可以在黑夜进行；既可以在室内进行，又可以在室外进行。

第三，这种运动项目要适合不同性别、不同年龄的人参与，尤其是要使年轻人接受并喜欢这项运动。

由于当时设计出的篮筐底部是封闭的，球被投进篮筐无法掉落下来，所以每当篮筐内装满球后，需要将球从篮筐中取出，这带来了很多不便，也对游戏的流畅性造成影响。后来，经过不断改进，篮筐底部被去掉，并在篮球场地两边各放置一个立柱，将篮筐安装在立柱上来进行比赛。在篮筐的底部曾设有挡网，以此来防止篮球被投掷到场外远处，有的是用网形装置将场地的周边罩住来代替挡网。最初的这种篮球游戏没有规则和限制，后来，由于篮球运动具有较强的对抗性，人们便将某些限制性规定制定了出来，并且在不断地发展与实践中对比赛方式进行改进，从而使篮球游戏得到完善，并逐渐向现代篮球运动转变。

二、篮球运动的发展

由于篮球运动具有广泛的适应性，且场地器材简单，因此篮球运动产生之后就在世界范围内得到广泛的传播。总的来说，篮球运动的发展大致可分为五个阶段，即初创与萌芽阶段、完善与推广阶段、普及与发展阶段、全面提高阶段、创新发展阶段，具体如下。

(一)初创萌芽阶段(19世纪90年代—20世纪20年代)

1. 篮球运动的迅速传播

在学校中，篮球运动自创立后，便以独特的运动形式和较强的趣味性得到迅速传播。经过短期传播之后，篮球运动由学校进入社会，并随着文化交流传播到世界各国。篮球运动如此快速地传播，彰显出其所具有的强大生命力，并为国际业余篮球联合协会的成立打下了良好的基础。

2. 篮球技战术的初步形成

在篮球运动不断开展和篮球比赛规则不断修改的背景下，一些更适应篮球比赛要求的新技术不断出现，并在以后的篮球运动发展过程中得到更为充分的改进和完善,逐步形成了与其他运动项目相区别的独特技战术体系。具有标志性的技战术发展主要体现在以下三点。

首先,运球技术在19世纪90年代第一次出现,直到20世纪,运球技术的合法性才在比赛规则中得以明确。

其次,20世纪初,出现了单手低手传球、双手低手传球、单手肩上投篮等技术动作。

最后,20世纪30年代,出现了跳起投篮等技术动作。

3.篮球竞赛规则的初步形成

篮球竞赛规则是关于篮球运动的技术法规。它在肯定正确技术和保护合理接触的同时,也明确否定了错误动作,并提倡"积极进取、团结合作、公平竞赛、行为高尚"的篮球运动精神。19世纪90年代的篮球竞赛规则只要求在竞赛时参赛双方人数相等,而对具体人数和场地的大小等没有严格的要求和限制,球被投入篮筐中便可得一分,累计得分多的一方获胜,并且每进一球都要重新开始比赛。

1892年,人们制定出了篮球竞赛的原始规则,即包含13条规则的"青年会篮球规则"。该规则将比赛场地分为三个区域,同时确定了比赛的基本要求,如对攻守对抗中运动员之间的身体接触部位进行限制,对悬空的篮筐装置的要求进行明确,在比赛中不准个人持球跑等。

篮球比赛的场地也经过了一系列的变革,并增画了中圈、罚球线等各种区位的限制线,后来又增画了中线。篮圈使用的是较为规范的铁圈,篮圈后部的挡网由木质的不规则挡板所替代并与篮网相连接。此后的篮球比赛,由中圈跳球开始,并且运动员在场中的位置也有了锋、卫的区分,其中前锋和中锋主要负责前场进攻,后卫在承担保护本方篮筐职责的同时,还要将球传给中场和前场的中锋和前锋。经过不断实践,篮球运动得到更好的改进和完善。

(二)完善、推广阶段(20世纪30年代—20世纪40年代末)

1.成立国际业余篮球联合协会

1932年6月18日,国际业余篮球联合会(简称国际篮联)在瑞士日内瓦正式成立,其总部设在意大利首都罗马。国际篮联的主要任务有以下两个方面。

第一,统一世界各国的篮球竞赛规则。初步制定了国际上统一的13条篮球竞赛规则,如规定每场比赛参赛双方的场上人数各为5人;增改了场地上的进攻限制区域;在比赛中,进攻队员投篮时防守队员犯规,如果投中则增加一次罚球,如果没有投中则罚球两次;比赛时间,男子和女子的篮球比赛时间分别由原来的男子10分钟、女子8分钟,共四节,改为每节比赛20分钟,共两节;在进攻方拿到球后必须在10秒内过中线,并且不能再次返回后场。

第二,将篮球列为奥运会正式比赛项目。1936年,男子篮球在第11届奥运会首次被列入正式比赛项目,从此篮球运动开始登上国际竞技舞台。

2. 不断完善篮球技战术

20世纪30年代以后,篮球运动在世界范围内得到迅速的普及和推广,这也使得篮球运动技术水平得到更大程度的提高。20世纪30年代,单手胸前投篮技术和双手抛球投篮技术逐渐被双手胸前投篮技术所取代,并且协防、掩护、配合等团队精神在比赛中得到重视。一直到20世纪40年代末,进攻中的掩护、策应、快攻战术和防守中的区域联防、人盯人防守等战术阵型和配合,受到世界各国篮球队的高度重视,这也使得篮球运动在世界范围内进入完善与推广的新阶段。

3. 国际级篮球比赛的日益丰富

在国际篮联成立以后,各个国家、各个地区都在有组织、有计划、频繁地举办各种篮球比赛。

(三)普及、发展阶段(20世纪50年代—20世纪70年代末)

1. 运动员的身高不断增加

该阶段,运动员所表现出的直观现象是身材越来越高大,其中不乏2米以上的运动员参加比赛,身高的优势也在比赛中得到很好的体现。尤其是在阿根廷和智利举行的男子和女子首届世界篮球锦标赛上,高大

第一章　篮球运动概述

篮球运动员在赛场上的优秀表现给国际篮球运动带来了巨大冲击,利用高大运动员强攻篮下的中锋打法成为篮球比赛中有效的进攻战术,这进一步促进了篮球运动向着队员高大型的方向发展。

2.高大运动员开始大量出现

在篮球比赛中,为了更为有效地应对场上出现的新情况,篮球规则在场地和时间上对进攻队进行了新的限制。例如:将一次进攻的时间限制为30秒;扩大篮下的限制区,由门字形限制区扩大为梯形限制区;20世纪60年代中期曾一度取消中场线,直到20世纪60年代末才又恢复。

3.篮球技战术得到全面发展

在篮球比赛中,扩大攻守区域,并做到高度和速度相结合,已经成为决定比赛胜负的关键,在此基础上,篮球比赛中的攻守技术和战术也得到了很好发展,例如,进攻中的快攻战术和防守中的全场人盯人防守战术,成为当时以快制高的重要手段。20世纪60年代,世界篮球运动进入了普及与发展的新时期,并逐步形成了欧洲型打法(注重力量、速度、高度相结合)、美国型打法(注重高度、技巧、速度相结合)和亚洲型打法(以矮、快、灵、准相结合)。

(四)全面提高阶段(20世纪70年代—20世纪80年代末)

1.比赛对抗更加激烈

随着篮球运动技战术的不断发展,篮球运动员在身高、控空高度和攻守转换速度等方面都有了较为明显的提高,篮球运动也因此被称为"巨人的游戏"。篮球运动员在个人高度和技术方面达到了有机统一,在团队协作方面,也逐步形成了整体高空战术及地面与空间协同组合的战术配合。随着篮球比赛中速度和高度的对抗越来越激烈,篮球运动正向着高强度、高对抗、高速度、高技巧、高智慧、高比分的方向发展。

2.竞赛规则日益完善

篮球竞赛规则经过多次修改后,增加了三分球和追加发球的规定,进攻时间的缩短也进一步提升了攻守转换的速度,这也使得新的篮球技战术体系得以构建。

3.女子篮球发展快速

20世纪70年代中期,女子篮球成为第21届奥运会正式比赛项目,进而掀起了篮球运动的第二次发展高潮。篮球运动人口数量日益增多,篮球比赛的方式也发生了变化,竞技水平越来越高,国际强队不断增多。

(五)创新发展阶段(20世纪90年代之后)

20世纪90年代之后,篮球运动进入了一个全新的创新发展阶段,篮球运动在该阶段的发展特点主要表现在以下几个方面。

1. 国际篮球联合会成立

20世纪90年代后,经过国际奥委会的批准,职业篮球运动员可以参加奥运会比赛,这也为篮球运动的发展注入了新的活力,并为其发展提供了新的发展方向和渠道,篮球运动正向着将竞技化、智谋化、职业化、科技化、产业化、全能化等融为一体的现代化方向发展。1990年,国际业余篮球联合会正式更名为"国际篮球联合会"。

2. 竞赛规则得到适时修改

篮球运动技术动作不断创新,战术配合越来越精湛,追求实效,阵形多变,运动员在场内的攻守区域部分逐渐趋向模糊,高空争夺也更加凶悍,这就使得篮球比赛越来越具有艺术观赏性。同时,篮球规则也对比赛速度、高空争抢、场地区域、攻守技术与战术的合理运用,以及全场比赛的时间和方式等都做出了新的规定,如将比赛的上、下两个半场改为四节,并且每节的比赛时间限制为10分钟,交替拥有球权,实行三人裁判制。

第二节 篮球运动的特点与价值

一、篮球运动的特点

(一)组织的集体性与运动的快速性

1. 组织的集体性

作为一项同场对抗性项目,篮球运动的整个过程都充满着激烈的对抗,这种对抗性随着篮球运动水平的不断提高而不断增强。因此,球队若想在比赛中占据优势并取得胜利,除了运动员个人要具有精湛的技术外,球员与球员之间还要形成默契的集体配合。基于此,现在的篮球运动特

第一章 篮球运动概述

别注重集体主义精神。只有人人为集体,集体才能使个人技术得到更为充分的发挥与创新,个人与集体二者是相辅相成、共同发展的关系。

2. 运动的快速性

在现代篮球比赛中,一次进攻必须在24秒内完成,否则便被判作犯规,这就要求篮球运动员的速度要更快。在保证运动快速性的前提下,篮球运动员还要继续加快进攻速度,争取场上的主动权和控球权;继续提高技术和战术运用时的衔接速度;继续提高攻守转换速度等。这些都给现代篮球运动赋予了新的含义,世界各国优秀篮球队都将有节奏地快速攻守配合、高质量的快速技术、快速强攻等作为奋斗目标。

(二)技能的开放性与竞争的对抗性

1. 技能的开放性

现代篮球比赛中,运用篮球技术与战术的条件和时机有着较大的差别,由于受到时间、位置、对手等外部因素的影响,运动员的技术动作组合结构与练习过程中的技术动作组合结构会发生不同的变化。而篮球战术的配合也不是一成不变的,在大多数情况下运动员都需要根据当时场上的具体情况做出准确的判断和选择,对教练员的战术意图进行灵活的贯彻。由此可见,篮球运动是一项开放性的运动技能项目。

2. 竞争的对抗性

作为一项直接发生身体接触的对抗性项目,篮球运动中攻守的强对抗是其基本规律和基本特征。这种对抗性主要表现在有球队员与无球队员之间的对抗、无球队员之间的对抗、争抢篮球时的对抗、教练员之间的战术策略对抗、双方队员在思想作风和意志品质上的对抗。在竞争中,对抗作为一种高层次的表现形式,它可以更好地培养人的竞争能力和竞争意识,同时这种竞争能力和竞争意识也是现代社会所倡导的素质教育的重要组成部分。

(三)活动的娱乐性与比赛的观赏性

1. 活动的娱乐性

篮球运动最初是作为一项活动性游戏出现的,如今已成为人们喜闻乐见的全民健身娱乐手段。在篮球运动整个的发展与演变进程中,娱乐性始终是其特征之一,同时,娱乐性也是篮球运动得以生存和发展的重要因素。参与篮球运动可以从中实现自我价值,愉悦身心,促进身心健康发展;观看篮球比赛可以从中得到鼓舞和快乐,丰富业余生活。

2.比赛的观赏性

作为一种社会文化形态,篮球运动有着很高的技艺性和观赏性,它能使人的气质和优美形态得到充分的展现。此外,篮球比赛中众多篮球明星的出现也为比赛注入了强大的动力,这也使得篮球比赛的观赏性得到极大增强。在篮球比赛中,场上形式千变万化,胜利者的喜悦、失败者的沮丧都会令人难以忘怀,这也更好地体现出篮球运动极强的观赏价值。此外,世界优秀篮球运动员将篮球技术与智慧的运用升华到了艺术化的境界,这不仅仅体现出其所具有的个人才华,而且也给人们带来艺术上的享受和智慧上的启迪。

(四)技术的多元性与战术的多变性

1.技术的多元性

技术多元组合也是篮球比赛的一大特点。篮球运动是以手控制球,围绕着投篮得分展开攻守对抗为主要活动形式的运动,从而将复杂多样的技术动作进行充分展现。在篮球比赛中,这些技术均被运动员以组合的形式加以运用,活动结构呈现多元化。因赛场上瞬息万变的形势,篮球技术组合也呈现出随机性、无确定性、多样性等显著特点。

2.战术的多变性

篮球运动是一种用手来控制球,并以投篮得分为目的而展开的攻守对抗的活动形式,复杂多样的篮球技术动作导致篮球战术具有多变性特点。由于篮球比赛的不确定性,场上形势处于千变万化之中,围绕因瞬时变化而展开的地面与空间、个人与集体配合相结合的攻守立体型对抗方式,成为现代篮球运动的重要特征之一。在大多数情况下,仅仅依靠固定的战术模式、固定的打法是很难应对比赛需要的,更别说获取胜利,所以,篮球战术的运用要富有机动性和灵活性。运动员根据比赛场上的实际情况,做到随机应变,灵活地运用和变换战术,只有这样才能为争取比赛优胜奠定良好的基础。

(五)打法集约多变与攻守转换迅速

1.打法集约多变

集约多变的打法是现代篮球运动的一个突出特点。现代篮球运动已成为一项集约、多变、综合性的竞技艺术。随着现代篮球运动的不断发展,球员的行动也逐渐由个体转变为整体,技术、战术的掌握与运用也由低级逐渐向高级发展,通过不断地创新和发展,篮球比赛过程较其他球类比赛更加复杂,技术动作繁多。战术阵形呈现出机动、集约、多变的特点,特别是对于优秀的运动队和明星运动员来说,他们在掌握和创造性运用篮球技术、战术配合方面,已经达到非常熟练的程度,这就将技巧化、集约性、艺术化的显著特点充分体现了出来。同时,这也赋予了篮球比赛更多的生机和活力。根据空间的瞬时变化而开展的争夺,不仅能够将一些因素有机地结合起来,如空间与时间的结合,个体单兵作战与协同集约配合的结合,空间攻守与地面攻守立体型对抗的结合,对抗性与力量性、技艺性、计谋性的结合等,同时还能够充分反映出这些方面。这样,才能够将世界强队各种类别的集约多变性攻守风格形式和打法特点综合反映出来,并且在瞬息万变的赛场上以不变应万变。篮球运动员通过自主掌握变化的主动权给对手造成一定的干扰,从而使得比赛更加精彩,使篮球运动的戏剧性和观赏性特点更加显著。

2.攻守转换迅速

攻守时空转换是篮球比赛十分显著的特点。篮球比赛具有特殊的时空性和对抗性运动规律,具体来说,就是在一定的时间内围绕空间的球和篮筐展开攻守对抗。篮球比赛中,运动员不但要主动拼抢控制球,同时还要对时间和空间位置面积进行有效的控制,这样能够对参与篮球竞赛的双方展开互为多元素构成的不同战术阵型与技术手段的立体型进攻、防守。与此同时,通过攻守的不断转换,在一定程度上促进双方的对抗,继而构成自身的运动系统工程,这就在一定程度上体现出现代篮球运动的独特高空运动规律与特点。

篮球运动时空立体对抗还在空间与地面全场紧贴对手、身体主动用力的个人防守技术方面得到体现。这种攻击性个人防守技术与近身格斗十分相似,极具破坏力与杀伤力。在进攻上,也使贴身强攻技术得到了一定的发展,如强行突破、强行投篮、篮下强攻技术,从而将篮球比赛的攻守时空对抗特点充分体现。

(六)体能与技术的紧密结合

良好的身体素质是运动员在激烈的篮球比赛中发挥技术和战术的重要基础和保证。现代篮球运动的比赛速度不断加快,高空争夺更加激烈。因此,运动员要在地面攻守争夺中,将技术和速度紧密结合起来;在高空攻守争夺对抗中,将身高、弹跳能力与技术紧密结合起来。

在现代篮球比赛中,双方队员之间有频繁的身体接触,篮球运动员要想将技术充分发挥出来,就必须将身体力量与技术有机结合起来。对于身高条件处于相对劣势的球队来说,良好的身体素质和高超的技术是取得比赛胜利的保证,因此,在平时的训练中要将二者结合起来。

(七)运动文化体系的多元性

篮球运动既是一项综合性游戏,又是一个现代竞技体育的运动项目,更是一种社会文化形态。现代篮球运动已经形成了自己独特的运动理论和技战术体系,其内容结构具有多元性和综合化的特点。发展至今,篮球已经发展成为一门交叉性较强的学科,与篮球运动有关的知识也开始向着多元化的方向发展。多元化的知识要求运动员和运动队要具备良好的运动意识、集体团队精神、生理机能、个性气质、心理品质、身体形态条件、思想品德、身体素质、专项技术与战术配合方法体系及实战能力等。

(八)职业化与商业化相结合

职业化和商业化成为现代篮球比赛尤其是现代职业篮球比赛的一个新的特点。这一特点在职业篮球比赛和篮球运动员、运动队中表现尤为突出。

现代篮球运动在全球得到蓬勃发展,究其原因,主要有两个方面:第一,现代篮球运动具有健身强心、文化娱乐、启示教育等功能;第二,世界各国成立了许多职业篮球俱乐部,促使篮球竞技水平逐步提高以及篮球赛制不断完善。随着篮球运动员智能、体能和技战术水平的逐步提高,篮球运动的职业化进程不断加快。20世纪80年代至90年代,美洲、欧洲、亚洲等地区建立了大量的职业篮球俱乐部,尤其是20世纪90年代国际奥委会同意美国NBA职业篮球队参加国际大赛后,全球职业化篮球已逐渐发展成为一项新兴产业。

随着现代篮球运动的职业化程度不断加深,篮球运动也逐渐表现出了商品化的发展特点,这主要在职业篮球运动员和职业篮球比赛、运动队的运动技能水平与运动成绩等方面得到体现,篮球运动的组织体制、赛制和训练管理机制的商业化气息也越来越浓。由此,国内外重大篮球竞赛组织者借助电视传播、广告、授权产品、体育器材,以及发放彩票、超国界转让队员和球队等各种形式开展营利性经营。现代职业篮球比赛中的商业化特点越来越显著。

二、篮球运动的价值

(一)篮球运动的健身价值

1. 促进生长发育

篮球运动是一项锻炼肌肉和关节的全身运动,经常打篮球,不断地跳起抢球、舒展身体,不断地进行投篮,拉长身体肌肉,都会促进身高的增长,特别是正处于生长发育期的青少年,经常参加篮球活动是长高的最有效方法之一。同时,经常从事篮球运动还能有效地消耗脂肪、控制体重,获得匀称修长的身材。

2. 提高身体素质与增强体质

跑、跳、投等动作是篮球运动的基本运动技能,这些都可以均衡地发展人的身体素质。此外,长期坚持参与篮球运动,可以开阔人的视野,增强各感受器官(尤其是视觉感受器官)的功能,提高分配与集中的能力,使动作更加精细化,还可以提高人的空间、时间和定向能力。在篮球比赛中,比赛节奏的不断变化能够使人的神经中枢灵活性和协调性得到锻炼和增强,同时还可以提高人们对其他器官的支配和协调能力。

(二)篮球运动的健心价值

1.愉悦身心

篮球运动具有娱乐性。篮球比赛对很多观众有着较大的吸引力,因为从运动员的精彩表演中,人们不仅能够获得美的享受,同时还能够获得很大的满足感。因此,篮球运动能使人们的文化生活得到进一步的丰富,具有愉悦身心的功能。

2.培养良好的意志品质与促进心理健康

由于篮球比赛是在激烈的直接对抗中进行的,这就要求运动员除了具备必要的良好技术和较高的身体素质外,更要具有坚强的意志品质,来应对对方的身体或手臂造成的阻碍,克服体能下降的影响,在比分交替时控制好强烈而鲜明的情绪等。由此可知,参与篮球运动和比赛就是人们在参与的过程中克服各种困难来实现预期目标的一种锻炼意志过程,是考验参与者勇敢、果断、顽强等意志品质的过程,实质上也是意志的较量。要想在极度复杂的困难条件下,与强有力的对手进行顽强的对抗,进而争取比赛的胜利,就必须具备坚强的意志品质。篮球运动可以培养人们坚韧不拔、勇敢顽强、吃苦耐劳的意志品质,同时也能培养人们独立工作的能力,提高自制力,克服人体的生理惰性。

此外,现代篮球运动能够使人的个性得到张扬,从而使人的个性得以更为自由地发展。篮球运动为人的个性发展和个性的张扬提供了更为广阔的发展空间,人们可以选择表现自己的个性,如塑造拼搏进取的个人形象,或表现健康向上的生命力。

3.培养竞争精神与团队协作精神

竞争是篮球运动的根本属性,作为一项集体对抗性项目,篮球比赛可以使队员们齐心协力、团结配合。在篮球比赛中,突分、传切、策应和掩护等战术组合的完成,均需要2~3人的协同配合。只有通过群体内的协同与合作,才能达到良好的攻击效果。而在防守方面,综合多变的防守战术体系的成功执行,更需要全队的密切合作、协同行动。

合作可以互补,能够把较为松散的个体有机地组合成协同作战的集体,并使个体之间树立统一的目标、统一的思想,通过相互沟通理解的战术形式,形成一个有机的整体,与对手展开竞争对抗。在现代社会中,集体精神和团队合作具有普遍的社会意义,随着社会竞争越来越激烈,人们必须学会在竞争中寻求合作。

(三)篮球运动的教育价值

1. 规范个体行为

在篮球运动中,个体的行为受到了一定的规则约束,即个体的行为需要在规则允许的范围内进行,所以养成自觉遵守规则的行为习惯至关重要。每个个体都要具有强烈的责任感和敬业精神,要表现出全力以赴的精神风范,获得社会广泛的认同。在激烈的篮球比赛中,身体的直接对抗无法避免碰撞的发生,因此,在进行合理碰撞的前提下,个体要以争占有利位置或球权为目的,而不是以伤人为目的、以投机取巧为手段,这些都是规则中所不允许的,也违反了体育道德精神。

2. 促进人的社会化

除了具有竞技功能外,篮球运动还具有人文功能,人们也越来越认可人文篮球这一观点,并在篮球运动的比赛和训练中进行应用。在篮球的训练和比赛中,运动员可以学会如何做人、如何做事,并促进自身健康人格的塑造,从而发展人性化的篮球运动。人文教育有助于人的全面教育;有助于弥补运动员的不足;有助于抵制竞技异化,促进竞技人性化。

3. 良好生活习惯的养成

篮球运动是一项集体运动,它对团队成员在训练方面是有一定要求的。这些基本要求都有利于规范现代人的作息时间,保证必要的营养等。

(四)篮球运动的社会价值

1. 提高个体的社会适应能力

人们在参与篮球运动的过程中可以结交许多志同道合的朋友,在丰富个人业余文化生活的同时,能够增进与他人之间的友谊。

2. 推动社会发展

在我国实施"全民健身"计划的过程中,竞技篮球和大众篮球都同样具有很强的吸引力。如今,大众篮球比赛已经进入商业化阶段,对经济的发展、市场的繁荣和效益的创造起到了积极作用。大众篮球也因不受年龄和性别等因素的限制,使越来越多国民参与其中,它能够促进人们的身心健康,提高人们的劳动、工作和学习效率;同时也能丰富人们的业余文化生活,起到振奋民族精神、推动社会发展与进步、促进社会主义精神文明建设的作用。

第三节 篮球运动技战术的发展演变

一、篮球运动技术的发展演变

(一)篮球技术发展演变的影响因素

篮球技术在发展过程中,受到多种因素的影响,要想研究篮球技术的发展问题,就不得不对影响篮球技术发展的因素进行了解,其中比较重要的主要有以下几种。

1. 人员因素

篮球运动是一项集体运动,人与人之间的特殊关系与篮球技术的发展息息相关。运动员是篮球技术主体的操作者,直接影响着技术的质量与发展,而指导者的组织、身教、经验等对篮球技术的发展起着重要的作用,科研人员对篮球技术的研究也发挥着越来越积极的作用,他们之间结成了主体、主导和协作相辅的关系。其中,人是最重要的因素,从设计到实践,从教学到训练,从改进到完善,从研究到创新,无不发挥着重要作用,是促进篮球技术发展的内在动力。

2. 物质因素

篮球运动需要一定的场地、器材、设备等,这些物质条件和因素也在一定程度上促进篮球技术的发展。最典型的是专业篮球运动鞋的问世,可以说,篮球鞋是体育科技引领下的完美产物,它拥有人体工程学和针对篮球运动损伤特点的设计,球员穿上这种球鞋后可以更加轻便、灵活地做出急停、急转和快速变向等动作,进而为篮球技术的进一步发展注入强心针。

3. 规则因素

规则是篮球运动的重要组成部分。篮球是一项争夺激烈的竞技运动,竞赛规则对篮球技术的发展有着导向作用,影响着攻守技术之间平衡与不平衡的发展。规则的具体规定在一定的时间内也直接制约或推动着某些篮球技术与战术的发展速度。篮球竞赛所创造的竞技环境与条件也使篮球技术得以表现发挥、广泛交流、相互学习和共同提高。例如:三分线的出现促进了球员远投技术的进步;合理冲撞区的设置鼓励双方球员练就在篮下的合理身体对抗技术;等等。

4. 商业因素

商业化是篮球运动的发展趋势,是社会经济影响下的必然结果。篮球竞赛的商业化发展趋势,也使篮球技术受到市场价值规律的影响。只有篮球比赛更加激烈精彩,才能吸引到更多的观众,由此才会使围绕篮球竞赛进行的各种商业开发活动更具意义和效果。因此,从篮球技术发展的角度来说,更新颖、更刺激和更绚丽的技术自然能够博得更多眼球。在此种观念的推动下,篮球运动员创造了无数观赏性较强的技术,如花式扣篮、远距离投篮等。尽管这些精彩的技术在比赛中不能经常见到,但无可置疑的是这些技术的确是为满足商业化需求而发展的,对篮球运动的发展有间接推动作用。

5. 科技因素

科学技术的进步与体育运动的发展之间有着十分密切的关系。当今体育科学中的许多基础学科和边缘学科的理论与方法为篮球技术的理论和动作方法的更新提供了依据,起到了指导和论证的作用。同时,在教学、训练、竞赛、科研等领域中,运用一些先进的科技手段,可有效促进篮球技术的发展。

(二)篮球技术发展演变的历史进程

1. 快攻、跳投、积极防守(20世纪50年代)

以我国篮球运动技术的发展演变为例,篮球运动传入我国之初,只是作为一种游戏和体育课堂的教学内容存在,从国家的层面并没有将之列入主要的体育竞技范畴,因此在这段时间内,篮球运动在我国的发展缓慢,水平也较低。这一情况直到中华人民共和国成立后才有所改观。从20世纪50年代起,我国竞技篮球运动获得了快速发展,形成了具有自身特色的篮球技战术风格。在当时,由于受到南北地域文化不同的影响,衍生出了"南派"和"北派"两种技战术风格的篮球打法,再加上此时党和政府将篮球运动列为强身健体的"标杆"式运动项目,一时间,企业、学校等团队纷纷开展篮球运动,由此产生了我国篮球运动发展的一个高峰。当时我国篮球界根据人民的身体素质和技战术水平实际情况提出了"以投为纲",发扬狠、快、准、灵的风格,"以我为主、以攻为主、以快为主、以小打大、积极防守"的战术指导思想和"积极、主动、快速"的训练指导思想,这是我国竞技篮球运动发展的一次有益的探索。[①]

2. 重视中锋的作用(20世纪60年代)

位置分工在篮球运动中具有十分明确的规定,不同位置的运动员对战术的组织具有不同的影响。由于打法的不同,球队中的位置分工并不绝对固定,但均设有中锋这一关键位置。中锋不论是在进攻端还是防守端都是组织攻防的核心,因此,在20世纪60年代期间,中锋的技术风格成为每支球队都非常重视的内容。我国在这一时期也开始关注中锋在球队中攻防两端的作用,可由于身高不足的客观现状,强行照搬内线攻防的打法非常不实际。自此以后,全国各级球队在选拔篮球人才时都非常注重选拔高大运动员,在运动训练中,采用围绕中锋的打法进行训练。

3. 力求技术的全面性(20世纪90年代后)

(1)高与灵的结合

时空权是篮球运动中争夺的重要焦点,篮球运动中篮筐离地10英尺(3.05米),无论是投篮出手角度、球体入筐面积还是防守技术,身高相对更高的人必定会占有更多的优势。正因为这一特点,篮球也被人们称

---

① 刘浩,张戈.篮球[M].重庆:重庆大学出版社,2018.

第一章 篮球运动概述

为"巨人的游戏"。身高和制空优势是篮球比赛取胜的重要前提。这点首先会从运动员的选拔工作入手,在今后的一段时间内高空优势仍然是世界强队追求的目标。但我们应该清楚地认识到,世界篮球在追求高度的同时并没有忽视"灵活"对篮球运动的重要意义,而且并非越高越好,因为身高过高,身体的灵活程度和弹跳能力会受到一定的制约。随着空间争夺的激烈,高大运动员日趋高中有灵、高中有巧,这是世界优秀高大篮球运动员的特点。

篮球运动,只高不灵,或者只灵不高,都不能适应世界篮球运动的发展。当今世界篮球发展的趋势是既要有高度,也要强调灵巧,二者缺一不可。当然,球员身高的高与矮还与场上司职的位置有关,如中锋球员通常是身高最高、体重最大的;前锋球员要兼备较高的身高和较强的灵活性;后卫球员的身高普遍最矮,原因在于他们要拥有最佳的灵活度用以串联场上其他位置的球员。

(2)快与准的结合

随着篮球运动的发展,人们对速度的理解也更加全面和合理。篮球运动发展历程中,规则的改变一直受到人们的关注,而历次规则的改变都会带来这项运动技战术方面的革新。其中最为典型的包括起初不设定进攻时限到如今的进攻方需在24秒内完成进攻,以及在底线发球后8秒内必须将球运过中场等规则。这些规则上的变化将篮球运动引向更加追求快节奏和高强度的方向。与此同时,球员必须通过提高技术水平以适应更高强度的比赛,在战术方面也必定有与之相适应的战术产生。

现代篮球非常重视有节奏地加快攻守转换速度,从而增加快攻反击的次数,提高快攻得分率,在高速度、高强度对抗中保持较高的投篮命中率。以速度争取主动,以争取时间来控制空间,这是现代篮球比赛对抗的又一个特点和趋势。

现代篮球训练十分重视培养运动员在比赛中的快速意识,同时提高转换技术和运用技术的速率以及攻守转换的整体速度,快攻将进一步发展,阵地进攻将进一步精炼而有实效,个人投篮强攻能力将会进一步提高,比赛也将随之进一步紧张激烈。这一趋势促使高度与速度结合得更完美,促使当代篮球运动向更高层次发展。

需要注意的是,追求快速是规则变化的要求,在此之中也要关注进攻的成功率与得分率。速度应在保持成功率的前提下提高,以成功率下降为代价换取速度不仅会失掉胜利,也终将失掉观众。

(3)凶悍与智取相结合

攻守对抗日趋激烈是现代篮球运动的特点之一,在现代篮球比赛中,只有敢于对抗,才有获胜的可能。对抗体现在技术对抗、身体对抗、战术对抗、心理对抗和智力对抗。现在人们已普遍意识到强悍作风与拼斗能力的重要性,世界强队在拼斗凶悍的基础上,更注重"智""谋"。例如,现代篮球比赛防守过程的凶悍性、主动性、力量性和破坏性日趋明显,更加讲究技巧,进攻也是如此。顽强与技巧结合才是技术,这也是篮球技术发展的一个很重要趋势。有智谋地拼斗,才能拼出一个新局面,这已成为普遍认可的当代篮球新观点。

总之,篮球技术的发展经历了一个较长的时期,今天的篮球技术仍旧表现出动态的形式,它仍然在向前发展着。

二、篮球运动战术的发展演变

(一)篮球战术发展演变的影响因素

篮球战术的设计和执行会受到多种因素的制约和影响。因此,为了制定最为合理有效的战术,就必须将这些因素考虑其中。总的来看,做到这点需要在战术准备过程中明确以下因素与战术的关系,具体包括技术、行动意识、谋略和战略等因素。

1.技术对战术的影响

技术的水平对战术的水平和运用效果起着决定性作用。篮球战术是由多种具有针对性的技术组合而成的。因此,球员的技术水平就成为战术发展的重要因素。只有技术过硬的球员,才能使战术的执行更为顺利,特别是对于发展速度越发加快的篮球运动而言更是如此。良好的篮球战术水平依赖于一定战术数量与高质量的技术,没有技术就没有战术。而且,战术是技术运用的组织形式,为技术的发挥创造条件。由于战术的需要,某些特定的战术必然要求有相应熟练而准确的技术,甚至需要通过技术的创新来实现,如参与掩护投篮战术的球员,投手必须具备出色的投篮能力,否则即使拥有投篮机会,也会因为投篮技术欠缺,不能达到得分的目的。

综上所述,篮球技术对篮球战术有较大的影响,它们之间是内容与形式的辩证关系。战术运用的实质是在比赛中通过组合与配合的方法去创造机会或是相互帮助,而机会的把握和动作的协同都是要通过运动员的技术来实现的。从这个意义上讲,战术对于确定球队的发展方向、风格和特点,以及推动球队技术的进步等方面,都起着重要的作用。

2. 战术意识对战术的影响

一般来说,战术意识在一定程度上影响着战术的运用,二者成正相关的关系。也就是说,运动员的战术意识越强,实现战术的可能性就越大,就越能在比赛中根据对具体情况的观察及时做出正确的判断,能动地、果断地配合同伴或独立地完成本队的战术意图。从某种角度来说,球员的战术意识比战术更为重要,因为球员对意识的领悟并不是通过后天训练就可以达到较高水平的,其中还有球员的意识悟性强弱问题。这就是为什么有些球员在聆听完教练的战术布置后就能立刻明白他的意图,而有些球员很难在短时间内完全理解。

在篮球运动中,战术的实现不仅需要运动员具有过硬的技术,同时它还需要运动员有强烈的战术意识。战术意识应理解为运动员在篮球比赛中对战术运用规律性的认识与正确行动,它是篮球意识的核心。从战术角度而言,战术行动反映着运动员的竞技能力和经验,行动反过来也促进意识的培养,在比赛中意识支配行动,行动反映意识,二者辩证统一。

3. 谋略对战术的影响

篮球谋略是指具体的计策计谋,是体现运动员篮球意识中施计或应变的思维活动,是在比赛中对战术运用的速决方案。篮球谋略是运动员智慧的瞬间表现,化谋略为正确的行动去战胜对手,争取主动,对完成具体的攻守任务和获得比赛胜利而言,二者是紧密联系、缺一不可的。对抗出智慧,对抗出谋略,竞技篮球比赛本身就是智慧的竞争,再好的战术若由无谋、无术的人去运用,也不可能在复杂对抗中取胜。

4. 战略对战术的影响

和谋略对战术的影响相比,战略对战术的影响表现得更为宏观一些。战略是对比赛全局的策划与指导,是领导比赛的艺术;而战术则是比赛中所采取的具体行动,是队员作战的才能。战略和战术是否得当,在很大程度上决定着篮球比赛的胜负。从整个比赛全局来看,战略占主导地位,它决定比赛的最终目标,战术则应服从于战略。但战略目标的实现又取决于战术任务完成的质量。因此,二者既是从属关系,又是依存关系,二者相辅相成。战略较为宏观,它在实践中的使用主要是在长期训练比赛中,如在赛会制比赛或延续时间较长的联赛制比赛中,整体把握球队的体能状况和心理状态等,甚至还会根据队伍的情况有取舍地对待不同强度的比赛等。

(二)篮球战术发展演变的历史进程

1. 快速灵活、全面准确(20世纪70年代至20世纪90年代)

就我国篮球运动战术的发展而言,从20世纪70年代开始,我国篮球运动确立了赶超国际水平的新目标,从我国实际出发,较全面完整地确定了"积极主动""勇猛顽强""快速灵活""全面准确""以小打大、以快制高、以巧胜大"的篮球运动训练指导思想和贯彻"三从一大"的科学训练原则。我国篮球运动的技战术水平从此得到了迅速的恢复与发展。

2. 重视战术综合运用与战术创新(21世纪之后)

(1)全面与特长相结合

现代篮球运动的发展趋势要求运动员掌握全面的技术,能攻善守,同时在某一项技术上应有超人的本领。全面与特长结合是现代篮球运动发展的要求,也是一个发展的趋势。技术全面地为在对抗中灵活运用技术和战术变化奠定基础,而运动员对某一项技术在实战中不断地提炼创新,最终形成了个人的特长技术,现代世界篮球明星均是全面与特长结合的典范。

(2)常规与创新相结合

创新是现代篮球的灵魂所在。技术、战术只有不断创新才有活力,才能不断突破前人的成就,篮球运动才能不断发展。常规和创新结合,能产生不同流派和风格及多种多样的打法。因此,创新是现代篮球发展的突出特点和趋势。运动员、教练员以及篮球界的学者们都应在篮球运动的实践中不断地创新,以促进篮球运动不断发展。

(3)个人与集体相结合

篮球运动是一项集体项目,一方面,一场比赛需要球员的默契配合才能达成战术设计,因此,团队配合是每支篮球队都非常关注的内容,同时,培养球员之间的默契也是日常训练的主要内容。另一方面,每名球员又都拥有一定的自由发挥空间,服从集体的意志并不完全代表球员在队伍中"丧失自我",服从集体不意味着个人的发挥被抑制。

个人与集体的结合,正是篮球运动的魅力所在。个人超水平的发挥也是人们在比赛特定时刻非常期待的场面,因此,现代篮球队中几乎都有1~2名核心球员,他们或拥有出众的技术,或是在球队中拥有极高的影响力,使他们能够在比赛的关键时刻挺身而出,带领球队战胜一切困难获得最终的胜利。

总之,注重个人与整体的技战术风格是符合世界篮球运动发展潮流的,有利于篮球运动的进一步发展。

第二章 高校篮球运动教学的基本理论

第一节 高校篮球运动教学的内容与原则

一、高校篮球运动教学内容

高校篮球运动教学的内容包含很多方面,对于不同的教学目标和不同层次的教学对象,要采用不同的教学内容。高校篮球运动教学更注重让学生掌握基本理论知识、技术动作以及战术配合等方面,是一个由不会到会的过程。

(一)篮球理论知识

篮球理论知识构成了篮球运动的学科体系,只有在篮球理论的指导下,人们才能正确地从事篮球运动。篮球运动理论包括技术、战术、规则、裁判、竞赛组织和教学训练理论等。在篮球运动技能学习以及篮球活动的相关实践方面,篮球课程理论知识都能够发挥出良好的指导作用。

目前,我国篮球运动在理论和知识体系方面已经发展得比较完善,其内容主要有篮球教学理论、篮球训练理论、篮球技术和战术分析、篮球竞赛规则、篮球竞赛组织以及篮球竞赛裁判法等。以上这些都是篮球课程教学最为基本的理论内容。

(二)篮球技术动作

在篮球运动技能方面,篮球基本技术动作是其中最为基础的内容,而篮球运动技术动作主要包括动作方法、技术动作规格以及技术动作的运用等。在开展篮球运动技术动作教学时,对于动作示范的规范性,教师要给予高度重视,在教学中要强调动作的规范,为学生进一步提高篮球技能打下基础。

(三)篮球战术配合

篮球运动集体对抗的特点决定了队员之间的协调配合是篮球竞赛的重要手段,在篮球课程教学中,战术配合教学也是其中重要的内容之一。这是因为战术配合和战术阵式是篮球运动比赛最为重要的特征之一。

篮球战术配合的主要教学内容包括两到三人的战术基础配合和整体战术配合。在战术配合教学中,教师应采用一些行之有效的、合理的教学方法,帮助学生了解人与球移动的路线、攻击点、战术运用时机及其变化。对于学生战术配合意识的培养,教师也要予以充分重视,以保证学生能够在篮球运动比赛中对相关战术配合加以灵活运用。

二、高校篮球运动教学原则

(一)专项教学原则

1. 知觉优先发展

篮球运动以球为工具,同伴、场地、器材等要素构成了特有的运动环境。对环境和器材的感知是知觉优先发展的过程,其中手指、手腕对球的控制能力对篮球运动来说至关重要。教师在教学中通常采用大量熟悉"球性"的练习来优先发展学生的这种能力,以确保学生对技术动作的学习。因此,知觉优先发展是篮球运动所特有的教学原则,高校篮球教师在教学过程中应该严格遵循这一重要的教学原则。

2. 技术个体化

篮球教学普遍追求的目标是技术动作的规范性。规范是指动作的基本结构符合人体运动学特征,以达到节省和实效的目的。但是,学生在身体形态、身体素质、行为习惯、智力和篮球运动经历等方面存在着一定的差异,这就使得"技术的规范化"个体表现的差别也较大。

初学者通过练习,形成符合自身条件的动作完成方式,是篮球教学的目的所在。因此,篮球教学要在规范化的基础上遵循技术的个体化原则,允许学生之间存在技术动作上的细微差别。另外,教师在篮球教学中必须根据教学对象的实际情况有针对性地选择教学方法,贯彻因材施教原则,从而取得理想的教学效果。

3. 实效性

教师要抓住篮球教学中的主要矛盾,组织教法尽量简单易行,不断提高教学的实效性。具体来说,教师不仅要抓好篮球基本功和主要技术的教学,突出教学重点,使学生在掌握篮球运动基本技术的基础上提高运用技术的能力,还要做到以练为主,精讲多练。

教师的讲解要简明扼要,尽量让学生多进行实践练习。除此之外,还要设置教学目标,追求教学效果。高校篮球教学要有具体的教学目标,同时重视对教学效果的检查和评价,及时改进教学方法,提高教学质量。

4. 学习技术动作与实战对抗运用结合

高校篮球教学非常重视学生实战对抗能力的提高,这是由篮球技术对抗性和开放性的特点决定的。从认知策略上来说,技术动作的学习与实战运用结合发展,与开放性运动技能教学的规律是相符的。学生在学习篮球技能时,应该首先将对抗的概念和技术实效的概念建立起来。

从某种意义上来说,在适应中学习和在实战中学习是学生篮球技能形成与发展的普遍规律。因此,要想取得理想的教学效果,高校篮球教师必须把学生对技术动作的学习与学生实战运用能力的培养与发展有机结合起来。

(二)普遍教学原则

1. 渐进性原则

渐进性原则是指篮球教学要以学科的逻辑框架和学生的认知规律为基本依据,从单一到综合,从低级向高级,逐步发展,使学生能够对篮球的基本知识、基本技战术和基本技能有一个逐步掌握的过程,进而建立严谨的逻辑思维体系。篮球知识技能的学习是一个渐进的过程,这就要求学生在学习技术、技能时要由浅入深地进行。

(1)注意教学方法的系统性

高校篮球教师在教学中要贯彻循序渐进的原则,要注意教学方法的系统性,根据动作技能形成的规律,从认知定向阶段、巩固提高阶段到熟练阶段,都要依据动作技能形成的阶段性特点来组织教学。例如,在技术的初学阶段,教师要通过讲解和示范,使学生获得动作概念、视觉表象和初步的运动感觉,通过不断练习巩固正确的技术动作,然后加大练习难度,使动作达到熟练并能在实战中运用。

(2)合理安排教学进度

高校篮球教师在教学中要贯彻循序渐进的原则,根据教学内容的难易程度安排教学顺序,要注意教学内容的系统性。具体来说,教师应根据教学大纲的要求,安排好教学进度和课时计划,使教学进度符合篮球运动教学的规律,使课时计划既系统又综合,由易到难、由简到繁,从无对抗到有对抗,运动量逐渐增加。

(3)合理安排运动负荷

疲劳是运动过程中必然要出现的,疲劳在技术教学和训练中有其积极意义。没有疲劳就没有超量恢复,没有超量恢复就不能提高健康水平和身体素质水平,也难以提高技术水平。

但是,过度疲劳同样不能达到促进健康、提高身体素质和技术水平的目的。因此,根据学生的身体状况、教学内容、场地、气候等综合因素来合理安排运动负荷,是教师完成篮球教学任务所必须注意的。

2.直观性原则

利用感官和已有的经验,通过视觉、听觉和肌肉本体感觉,获得对篮球技术、战术的生动表象和感觉,并使之与积极的思维相结合,从而掌握篮球技术、战术和技能,发展思维能力,就是所谓的直观性原则。感觉是认识的基础,在篮球教学中正确运用直观性原则,对于提高教学效果有重要的意义。

直观教学的方式有很多。其中,较为常用的主要有动作示范、录像、电影、沙盘演示、技战术图片等。

(1)明确目的和要求

教师根据教学的任务、教学内容的特点以及学生的情况,有目的地使用直观教学方法。例如:对低年级学生进行技术教学时,宜多使用动作示范、技术图片等。教师可以把学生的动作录像进行重放,与正确技术进行比较,以纠正学生的错误动作;对高年级学生进行战术教学时,宜用沙盘演示或用生动形象的语言进行讲解。

(2)形成正确的表象

在教学中,教师要充分利用学生的视觉、听觉和肌肉本体感觉,通过示范、电影、录像、图片等,使学生产生明晰的技术与战术表象,激发学生的学习积极性。

直观有助于使学生形成正确的表象,这种表象只有与积极的思维以及实践相结合,才能得到好的教学效果。因此,高校篮球教师在开展直观性教学时要善于启发学生思维,并紧密结合技战术练习活动。要想使所有的学生听得见、看得清、摸得着,教师必须设计好直观教学的具体方式、方向、位置等。

3.对抗性原则

对抗性原则指篮球运动的教学训练过程要符合其独特的空间与地面交叉的立体型攻守对抗规律。在篮球教学中贯彻对抗性原则,是由篮球运动的攻守对抗规律决定的。

在篮球运动中,进攻与防守的对抗贯穿始终,攻守对抗和攻守转化构成了篮球运动的核心。正是由于攻守的直接对抗才演化出一幅幅惊心动魄的竞争场面,才推动篮球运动向着快速、激烈的方向发展。

在教学中贯彻对抗性原则,必须深入研究攻守对抗和转化的规律。这主要是因为进攻和防守是一对矛盾体,没有进攻也就无所谓防守,没有防守也就无所谓进攻;进攻和防守相互制约,处在一个统一体中,二者是辩证的统一。

4. 自觉性原则

在篮球教学过程中,要想有效提高教学质量,需要同时具备两个条件,这两个条件是教师主导作用的发挥和学生学习积极性的调动。

教师是教学的主导,启发和引导学生生动活泼地学习是教师的重要职责。篮球运动是一项对动作操作思维、战术思维和快速反应能力要求很高的运动,因此,篮球教学要以提高学生的运动能力和思维能力为核心。教师通过对技术动作的生物力学和运动学分析,帮助学生掌握正确技术动作的概念和动作方法;根据篮球攻守对抗规律,帮助学生掌握技术和战术的运用方法;通过比赛、裁判工作和组织竞赛等实践活动,调动学生的学习积极性,从而最大限度地发展他们的能力。

学习的效果与动机是紧密相连的。如果学生的学习目的不明确、学习动机不正确,就很难自觉积极地学习,也不可能将自觉积极的学习状态长期保持下去。因此,解决为什么学习的问题,是调动学生学习主动性的关键之处。

第二节　高校篮球运动教学的方法与模式

一、高校篮球运动教学方法

(一)高校篮球运动教学常规方法

篮球运动常规教学方法的特点是注重教学活动中教师教授知识技能的方法,其教学方法的程式比较简单,各种方法相互配合,构成了以"教"为核心的教学方法体系。

1. 讲解法

在教学过程中,为了使学生通过听来感知教学内容,采用简练准确的语言对相关教学内容进行分析的方法,就是所谓的"讲解法"。技术动作的方法和要领、战术配合的方法和要求,以及运用过程中的注意事项等都是讲解法的主要内容。

在教学实践中,教师要注意掌握好讲解的时机,突出重点,讲解的内容要与学生的知识水平、接受程度相符。

2. 练习法

在讲解与示范的基础上,通过组织学生进行身体练习来达到帮助学生掌握篮球技能的目的的方法,就是所谓的"练习法"。

以练习的形式为主要依据,可以将其大致分为分解练习、完整练习、简单条件下的练习和复杂条件下的练习。

以篮球运动特点为依据,则可将篮球练习分为个人技术练习、配合性练习和对抗性练习等。

需要强调的是,教师在篮球教学中运用练习法时,练习强度、练习密度、运动量的安排要科学、合理,注重实效性。

3. 演示法

在教学过程中适时地示范技术动作和战术配合方法,通过投影、幻灯、挂图、录像等媒体手段,使学生通过观看直观地感知教学内容的方法就是所谓的"演示法"。演示法强调示范要与讲解相互配合,示范的动作要正确。

4. 纠正法

教师对学生在教学过程中出现的错误及时进行纠正的方法,就是"纠正法"。

上述几种教学方法是一个统一的体系,应该在篮球教学中相互配合使用,单一地使用某种方法是无法实现篮球教学目标的。

(二)高校篮球运动教学现代方法

1. 案例教学方法

(1)概念

篮球案例教学方法就是指教师通过精心策划和指导,以新课程标准的理念为基础,根据篮球教学的目标及内容,充分分析教学内容与实际教学情况,运用经典案例进行教学的方法。

(2)优点

教师在采用案例教学法进行教学时,一般会先制造一个特定的事件"现场",并将学生带入其中,使其深入特定的角色中,然后分析经典案例,在此基础上对学生的自主探究性学习进行引导,从而促进学生分析问题及解决问题的能力充分提升。与传统的篮球教学方法相比,篮球案例教学方法具有鲜明的特色和突出的优势(见表2-1)。

表2-1 篮球案例教学法与传统教学法的对比分析

对比因素	传统教学法	案例教学法
课堂中心	教师	学生
教师角色	主宰者、传授者、控制者	组织者、指导者、咨询者
教学目标	对理论知识进行传授	促进学生发现问题、分析问题及解决问题的能力提高
教学形式	讲解接受	课堂讨论
学习内容	确定的理论知识	以教学目标为根据,以案例为载体,创设相应的问题情境,使理论与实践互相渗透
学习方式	独立学习、被动学习	主动学习、探究与合作式学习
教学媒体	单一媒体	多媒体、录像等设备
教学情境	抽象的人工情境	仿真的实践教学情境
教学互动	单向传递	立体互动
教学评价	结果性评价(师评为主)	综合性评价(自评、互评与师评相结合)

(3)应用

篮球案例教学方法实施的基础是对案例的选择。在具体的选择过程中,教师必须参考大量的素材,并掌握丰富的案例编写知识,同时还要在遵循科学原则的基础上对案例进行有序编写。选择课题—搜集资料—编写案例—设计讨论是案例编写的一般程序。

教师在运用案例的过程中,一定要将案例中所包含的基础知识详细地描述出来，并且充分引导学生积极主动地分析案例，从而提高学生的学习兴趣，促进学生篮球理论知识的丰富及实践能力的提高。

篮球案例教学方法比较开放，师生间的互动程度直接影响着案例教学的效率，因此教师应充分发挥学生的主体作用，并且将案例与理论之间的关系有机联系起来，从而引导学生积极讨论案例的变化规律。

2.趣味教学方法

(1)概念

篮球趣味教学方法指的是教师运用影像、游戏、观摩、模仿等手段激发学生学习篮球的兴趣，提高学生参与篮球运动的积极性，培养学生终身体育意识与习惯的一种教学方法。

(2)优点

增强学生体质是高校开展篮球教学活动的根本目的，因此，教师必须围绕这一根本目标来选择篮球教学方法。篮球趣味教学方法能够将学生的学习兴趣激发出来，将学生参加篮球活动的积极性和热情调动起来，在此基础上，教师通过增加运动负荷和时间以及提高运动频率来促进学生体质的增强。运动频率的提高、运动时间的延长、安静时平均心率的降低、技能成绩的提高等，都是趣味篮球教学方法有利于提高学生身体素质水平的直观反映。

篮球课的开设能够培养学生直接性的体育兴趣，并使学生直接性的体育兴趣渐渐向永久性的体育兴趣转变，这为学生终身体育锻炼习惯的形成奠定了坚实基础。所以，高校篮球教师在教学过程中所选的教学方法必须有利于培养学生学习篮球的兴趣，这样才能将学生参与篮球活动的热情调动起来。

趣味教学方法的手段多样、形式丰富，而且各具特色，可以给予学生不同角度的刺激，对学生造成不同层面的影响，使学生神经系统的兴奋性得到增强，从而成功调动学生的学习积极性。只有学生的学习积极性提高了，其运动量和运动强度才会相应地增加，教学效果也才会更加明显。

(3)应用

在篮球实践课教学中，教师往往会让学生先做一些准备活动，最常见

第二章　高校篮球运动教学的基本理论

的活动就是绕篮球场地慢跑或做定位操，这些活动比较乏味，很难激发学生的兴趣。所以，教师可以在篮球教学的准备活动阶段组织一些篮球游戏，以此来激发学生参与篮球学习的积极性并促进准备活动效率与质量的提高，为之后学生技战术的学习奠定良好的基础。

为了促进篮球教学实效性的进一步提升，教师应该将体能训练安排到篮球实践课的教学中，并通过游戏的方式来提高学生的体能素质，为学生学练篮球技战术提供良好的身体条件。

篮球战术是篮球教学体系中的重难点内容，对学生团结合作的集体主义精神进行培养是进行篮球战术教学的主要目的。篮球战术的教学不但要使学生掌握篮球战术配合方法，还要使学生在篮球战术实施中充分发挥自己的主观能动作用。为了促进篮球战术教学效果的进一步提升，教师需适当地组织能够吸引学生注意力的篮球游戏。

3. 程序教学法

（1）概念

以认知规律和技能形成的规律为主要依据，将篮球技战术教学内容分解成若干个相互联系的小步子，使之成为便于学习的逻辑序列，并在教学过程中，建立起有针对性的、适宜的评价信息反馈系统的教学方法，就是所谓的"程序教学法"，或称"学导式教学法""小步子教学法"。

（2）应用

程序教学法的具体步骤为：首先，教学开始，学生依据小步子进行学习，学习后及时进行评价。其次，教师依据评价结果对学习效果进行即时反馈，如达到了预定的标准，则进行下一步学习；如没有达到标准，则返回去重新学习，并配以相应的纠正措施。

4. 合作学习教学法

（1）概念

高校篮球教学活动是一个师生共同参与的过程，这一教学过程离不开教师与学生、学生与学生的相互配合。以学生之间、师生之间的互动合作为特征，以小组学习为主要手段，使学生围绕共同目标开展协作学习活动的教学方法就是所谓的"合作学习教学法"。

(2)应用

合作学习法的教学步骤为：依据自愿原则把学生分成人数不等的若干个小组，练习时以小组为单位结成"伙伴对子"；小组内发挥技术骨干的作用，学优生帮助学困生。教师在教学过程中开展小组练习、小组竞赛和小组评价等活动，使学习成为学生之间合作的活动，使学生在合作活动中学习与掌握篮球知识与技能，在和谐的人际关系和愉快的合作学习环境中完成学习任务。

二、高校篮球运动教学模式

(一)篮球俱乐部教学模式

1. 概念

篮球俱乐部型教学是一种新型的教学模式，是高校根据现代人才培养目标，结合学生对篮球教学的需求以及学生的兴趣爱好与特长，组织篮球教学与课外活动的团队，定期开展篮球教学与竞赛活动的一种篮球教学模式。其目的是使学生掌握篮球技能和方法，培养学生的终身体育意识，充分发挥学生个人能力，培养学生对篮球运动的兴趣与爱好，为学生终身体育奠定基础。

2. 组织步骤

(1)明确职责

构建篮球俱乐部教学模式的前提是对切实可行的篮球俱乐部相关制度进行制定。在篮球课程教学改革的背景下，高校只有以本校发展实际为基础，对具有可操作性的篮球俱乐部教学模式的相应制度进行制定，明确相关人员的职责，才能使俱乐部教学模式的顺利实施得到保障。

高校在制定制度与明确职责的过程中，需要明确篮球俱乐部的性质、宗旨，并严格规定篮球俱乐部会员的资格要求。

(2)组织机构

高校在硬件设施和活动经费允许的情况下，为了使篮球俱乐部可以高效运行，需要设立策划部、秘书部、财务部、教练部等相关组织机构，并在设立上述机构后，对相关人员进行安排。下面重点分析一下教练部的人员安排及职责。

助理教练可以由学生担任,很多高校将此纳入学生勤工俭学的范畴。主教练的职责主要是为篮球俱乐部的成员提供技术指导,安排俱乐部教学,对俱乐部教学时间进行确定,对参加的人数进行统计等。助理教练一般根据主教练的指示来履行工作职责,最主要的职责是为俱乐部成员服务,在俱乐部成员参加篮球活动的过程中,为其提供有效的技术指导。

3.会员积分制

篮球俱乐部成员的积分指标也就是篮球成绩指标,包括考勤指标、体测成绩指标、篮球专项成绩指标、俱乐部比赛成绩指标等几方面的内容。

篮球俱乐部实施会员积分制,主要是为了考核俱乐部成员一学期以来的学习情况,以积分数为依据来对俱乐部学员一学期的篮球总成绩进行考核和评定。

(二)即兴示范教学模式

1.概念

即兴示范教学模式是以促进学生全面发展、提高学生在教学情境中自我表现与创新能力、提高教学效率为目标,以教材对学生年龄特征的"适切性"、教学科学性与艺术性的统一为追求,注重营造轻松、和谐的课堂气氛,促进师生良好互动的新型篮球教学模式。

2.作用

在篮球教学中实施即兴示范教学模式,可以将教学中心转向学生,突破以教师为中心的传统课堂模式束缚,使学生的主体作用得到充分发挥,进而获得良好的教学效果。此外,在这一模式的实施过程中,篮球教学已不再是传统的传习与说教了,学生是在仿真的现实情境中潜移默化地、自觉主动地接受篮球知识与技能教育。

3.应用

构建即兴示范篮球教学模式需要融合多种要素,做多方面的工作,如对课程的结构进行改造、对良好的课堂教学环境与气氛进行营造、对即兴自我展现的内容进行开发与设计、对即兴自我展现的评价方式进行应用等。

以改革课程结构这一环节为例,"集合整队—准备—讲教材—下课"的传统篮球教学结构,将会被"动起来—乐起来—想起来—自我展现起来"的新型教学结构替代,这样更有利于增加教学的趣味,提高学生的学习兴趣与积极性。

(三)多元智能教学模式

1. 概念

多元智能篮球教学模式指的是为了更好地提升篮球教学效果,顺应学生发展与篮球教学规律的特征,通过将多元智能教学的精髓贯穿到篮球教学过程中,构建出以具有多元化的篮球教学方式、篮球教学内容、篮球教学方法、篮球教学评价等为特征的篮球教学模式。

如果教师要在篮球教学过程中对这一模式进行运用与检验,需要先向学生讲解与示范篮球技战术的动作和要领,让学生对篮球技战术有一个基本的掌握,从而促进学生有效提升独立解决问题的能力。

2. 作用

在篮球教学过程中,师生之间交流的主要手段是语言,教师通过语言来讲解教学内容,提出对学生的要求,学生通过语言来反馈自己接收到的信息。因此,篮球教师大多数是用语言法、直观法等传统方法来对学生进行指导的。在篮球实践课的教学中,教师使用频率最高的教学方法是语言法和口令法,这些方法不但可以使学生从思维上对教学内容形成清晰的认知,还能够使学生对所学内容有深入的理解和有效掌握,并通过自己的身体语言将接收到的知识信息表现出来。所以,具备良好的语言表达能力是对篮球教师的一项基本要求。从理论角度来看,多元智能模式指导下的篮球教学比传统教学更有利于培养学生的语言表达能力。

作为篮球教学的一项重要内容,篮球专业理论知识的传授对于学生掌握篮球技战术具有非常重要的影响,学生只有先掌握了专业理论知识,才能够更科学地学习和运用篮球技战术。多元智能模式下的篮球教学形式有很多,如分组教学、问题情境教学等,这些形式有利于促进学生之间的交流,使学生主动探讨一些学习中的问题,从而使学生对篮球知识和技能的认知进一步加深,进而获得良好的篮球学习效果。所以,教师可以运用多元智能教学模式,来促进学生对篮球专项理论知识的学习与掌握。

篮球技术教学有利于充分挖掘学生的身体能力,使学生有效地掌握篮球攻防的方法。在篮球教学中,篮球技术、篮球技能都是最为核心的重要教学内容,同时也是提升篮球教学效果、培养学生学习篮球兴趣的重要途径。多元智能教学模式下的篮球教学对学生的个性特征与学习风格更为重视,并在教学过程中以不同智能的特征为依据,将符合学生身心发展规律的、具有创造性的篮球教学方式构建出来。教师通过向学生展示篮球技能、组织学生观看篮球视频等手段,让学生对篮球动作的结构有更为清晰的了解,帮助学生深入理解篮球重点技术环节,并结合学生自身的特征为其提高学习效率创造良好的条件。

3. 应用

多元智能教学模式的实施对教师提出了一些要求,教师在组织篮球教学的过程中,要善于挖掘与激发学生的各种智能,使学生在篮球课堂教学过程中学会对篮球中的快乐因素进行体验,并学会通过一些技巧来掌握篮球运动技能。教师以此来提高篮球教学水平,实现篮球教学目标。

在篮球教学过程中,教师不能以学生的篮球运动能力对学生进行等级划分,这是不正确的学生观。教师应树立正确的学生观,科学指导每个学生,使每个学生的运动能力都能得到提高。

篮球教师要具备对学生的专业素质进行评价的能力,在评价之前要先对学生的学习情况进行敏锐观察,从而对学生的篮球兴趣情况加以了解,在此基础上全面客观地评价学生的篮球能力。教师在组织篮球教学评价的过程中,应采取多样化的教学评价标准,以科学有效的评价方式对学生的学习信心进行激发。学生的篮球成绩是主要的评价指标,但不是唯一的标准,教师不能只通过考试成绩来评价学生,这是片面的,也是不科学的。除了成绩之外,学生的单项技能、学习积极性、情感态度、运动能力等也是重要的评价要素,只有从多方面出发,才能充分发挥篮球教学评价的功能与价值。

第三章　高校篮球运动教学的开展与组织实施

对于高校篮球运动教学来说，组织与实施是其得以顺利开展的重要手段和途径，同时也是其开展的主要方式。合理、科学地组织和实施篮球运动教学，有助于学生更好地掌握相应的基本知识和技能。因此，篮球运动教学的开展与组织实施理应受到高校体育教师和篮球教学工作者的重视。

第一节　篮球运动负荷及其合理安排

一、篮球运动负荷的基本要素与特征

(一)运动负荷的基本要素

构成运动负荷的要素主要有三种，分别是运动负荷强度、运动负荷时间和运动负荷积分。这三种要素有着非常密切的联系，同时又相互区别。

1. 负荷强度

所谓负荷强度，是指人的整个生理机能在受到相应运动负荷刺激的作用下所产生的反应幅度或程度。一般来说，运动强度与负荷强度成正比，即运动强度越大，产生的生理负荷也会越大；反之亦然。

2. 负荷时间

这里所说的负荷时间是指运动负荷在整个运动过程中持续作用的时间。由于运动前状态等因素，负荷时间增加，再加上停止运动之后人体生理机能需要恢复的时间，实际上运动负荷所作用的时间要远远长于运动时间，但一般情况下，负荷时间是指人体在运动阶段承受负荷的时间。

3. 负荷积分

所谓负荷积分,是指生理负荷强度在运动过程中随着负荷时间变化的函数关系。就本质而言,它是指负荷强度与负荷时间的积分,既能够对运动负荷量进行反映,同时也能够更好地对人体运动生理负荷的机能潜力进行反映。

(二)运动负荷量的决定因素

运动强度、运动时间和负荷反应是决定运动负荷量大小的三个重要因素。其中,运动时间与运动强度和负荷反应成反比。运动强度越大,它所引起的生理负荷反应就会越大,运动持续的时间也会相应缩短,负荷积分值也会相对较小;如果运动强度刺激较为适宜,那么它所引起的负荷强度反应相对较大,并且能够持续最长的运动时间,所产生的负荷积分值也会最大。但从运动负荷反应来看,不同的个体对于同一运动强度的刺激会产生不同的反应。

(三)篮球运动负荷的特征

1. 负荷水平的极限化

在进行篮球运动训练的过程中,如果机体所承受的训练负荷没有达到最大的承受能力水平,那么身体机能、技术、战术水平也就很难得到相应的提高。只有通过各种身体、技术和战术练习给予学生最为强烈的刺激,才能将学生的潜力充分挖掘出来,以更好地适应和满足其参与激烈比赛和创造优异运动成绩的需要。

2. 负荷量度的个体化

由于学生存在个体差异,因此,教师应根据每个学生的实际情况来对其运动负荷进行确定。

3. 负荷内容的专门化

随着篮球运动技战术水平的不断提高,根据篮球运动专项的特点和供能特征进行训练的要求也更高。这种专门化并不意味着只进行篮球运动本身的训练内容,而是要求教师所选用的负荷内容有利于学生身体素质、篮球技战术水平的提高。

4.负荷水平的动态化

对于运动训练负荷,机体有着非常强的适应性,当机体适应了原有的运动负荷后,这种负荷就失去了对机体的刺激作用。此时,只有使负荷水平不断提高,才能促使机体的能力不断提高。不管是从个体还是从负荷发展的总趋势来看,整个负荷都是在动态变化中不断提高的。

二、合理安排运动负荷

传统训练观点认为,只有进行大运动量、高强度的训练,才能使学生的运动成绩得到提高。但是,在训练的过程中,如果只是一味地追求高强度、大运动量的训练,就有可能发生运动损伤,这就阻碍了学生的发展,这就要求高校篮球教师在教学过程中,要对学生的运动负荷进行控制和监测。

依据机体在适宜负荷下的生物适应现象和过度负荷下的劣变现象,教师在篮球运动教学和训练课中进行运动负荷的安排,要遵循适宜负荷原则。教师安排的运动负荷要满足以下几点要求。

(1)有利于发展学生的专项竞技能力。

(2)能够促使学生的各种能力产生定向性变化。

(3)训练负荷的量与强度要有适宜的比例。

(4)负荷安排的节奏要保证课与课之间衔接,能产生后续效应。

合理安排训练课的运动负荷,对训练课的效果具有重要作用。高校篮球教师在制订某一次训练课计划时,要力争做到以下两点:第一,训练内容要有足够的难度与要求,使之能成为促进学生运动能力提高的有效刺激因素;第二,要使训练计划与学生的训练水平和机能状态相适应。同时还必须注意两点:一是必须保障在疲劳逐渐发展条件下的训练达到一定的训练量,只有这样才能在达到极限负荷量的同时达到需要的应激性和较高的训练效应;二是在出现明显疲劳状态下,训练活动的持续时间不应太长,以免对学生的技术训练水平和心理状态产生不良影响。

第二节 高校篮球运动教学课的组织与实施

对于高校篮球运动教学课来说,课堂教学是其最主要的组织形式。教师在组织和实施篮球教学课的过程中,要对篮球教学课的类型、组织和具体实施这三方面的内容进行明确。下面主要对三方面内容进行阐述。

一、篮球运动教学课的类型

所谓课的类型,就是指课的种类。从本质上来讲,篮球运动教学课的类型对课的功能有着直接决定作用,也就是说,不同的篮球运动教学课类型,具有不同的教学功能。对课的具体分类进行深入认识,并从中选择最为适合的课的类型,有助于教师对各类课的功能进行了解和掌握。教师要保证在每一节课中都贯彻教学目标,只有这样才能充分发挥各类课的具体功能,更好地保证整个教学过程的完整性,从而提高篮球运动教学质量和教学效率。

根据课的具体性质,篮球运动教学课可以分为两种类型,分别是教学课和训练课。下面主要就这两种课的类型展开论述。

(一)教学课的类型

目前来说,我国高校篮球运动教学课主要分为理论课、实践课、考试和考查课、实习课四种类型。

1. 理论课

向学生传授篮球运动基本理论知识是篮球运动教学理论课的主要任务。该类型教学课常采用的教学形式主要有讲授课、讨论课、自学答疑课等。在具体实践中,教师要结合实际情况进行选择。

2. 实践课

向学生传授篮球运动基本技术、战术和比赛事项等实践内容是篮球运动教学实践课的主要任务,该类型教学课常采用的教学形式主要有技术教学课、战术教学课、比赛教学课等。此外,教师也可以结合实际情况,选择和运用其他类型的教学课。

3. 考试、考查课

对学生所学的基本理论知识和实践操作进行考核和评价是篮球运动教学考试、考查课的主要目的。该类型教学课常采用的教学形式主要有口试、笔试、比赛等。

4. 实习课

篮球运动教学实习课是专门针对学生所学的篮球运动教学及比赛的相关知识进行实习的教学课。该类型的教学课常采用的教学形式主要有竞赛组织、裁判实习、教学实习等。此外，教师还可以根据具体实际情况来对其他教学形式进行有针对性的选择。

(二)训练课的类型

就目前来看，我国高校篮球运动训练课的主要类型包括身体训练课、技术训练课、战术训练课、综合训练课、比赛训练课、调整恢复训练课、测验课等。下面主要针对这些训练课的主要任务和目的进行阐述。

1. 身体训练课

训练学生的一般身体素质和篮球专项身体素质是篮球身体训练课的主要任务。该训练课的目的就是促进学生运动素质的发展，提高学生的身体机能水平，从而使学生能够更好地适应较高强度的篮球运动训练和比赛。

2. 技术、战术训练课

训练学生的篮球运动基本技术和战术是篮球运动技术、战术训练课的主要任务。其主要目的是促进学生运动技战术水平的快速提高，以及提高学生综合运用技战术的能力。

3. 比赛训练课

针对篮球训练和比赛中的各项能力，对学生进行训练，这是篮球比赛训练课的主要任务。该类型课的主要目的是促进学生运动技战术水平的快速提高，以及提高学生灵活运用技战术的能力和适应比赛的能力。

4.综合训练课

篮球综合训练课的主要任务是对以上三种训练课内容加以综合的课程。该类型训练课是将多种形式的训练课形式进行结合运用而形成的。详细地说,就是将各种不同的篮球运动训练内容进行交替安排,从而更好地发展学生的各项运动素质和运动技能。该训练课的目的是促使学生的身体素质、技战术水平和比赛等方面的综合水平和能力得到快速提高。

5.调整、恢复训练课

帮助学生调整和恢复身体机能是篮球运动调整、恢复训练课的主要任务。该类型训练课主要适用于过渡期,以更好地消除学生的身体疲劳,促进学生的体力快速恢复,从而更好地促使学生保持和提高篮球运动技术水平。

6.测验课

检测学生的身体素质和运动水平,是篮球运动测验课的主要任务。该类型课的目的是通过有针对性地检测各个相关的指标,来客观、准确地评价学生的训练水平,这样能够帮助教师有针对性地开展下一阶段的篮球运动教学工作。

二、篮球课的组织与管理

篮球课堂教学的组织与管理主要是通过以下几个基本手段来实现的。

(一)课堂常规

课堂常规是进行课堂管理的重要依据,对教师和学生都有着相当的约束力。教师在篮球运动教学课管理中,应对课堂常规管理给予高度重视,并根据相关规定,严格约束学生的课堂考勤、语言行为等。此外,对于课堂常规的相关规定和要求,教师也要进行严格遵守。

(二)课的结构

课主要是由准备部分、基本部分和结束部分构成。在篮球运动教学课中,在遵循课堂教学客观规律的基础上,教师要针对课程的结构顺序采用不同的管理方法和措施,避免课堂教学混乱。此外,在面对突发事件时教师要采取果断而有效的措施。

(三)发挥学生干部的作用

在对班级进行组织管理时要注意采用一定的方式和方法。对于教师来说,班干部和学生骨干是其进行课堂管理的得力助手,要进行精心培养,为促使他们组织管理能力的提高创造有利条件,在班级里帮助他们树立起威信,从而使他们真正发挥助手的作用。

在篮球运动教学中,由于练习相对较为分散,教师在进行管理工作和照顾学生方面存在较大的难度,这就需要教师培养一些学生骨干,以协助进行分组练习。在小组中,学生骨干能够起到带领、组织、帮助小组同学进行练习的作用,这样既能够帮助教师顺利开展教学活动,顺利完成教学任务,同时还能够促进学生骨干进一步提高分析、组织和管理能力,提高他们发现、分析和解决问题的能力,从而为我国篮球运动事业的发展培养和输送更多的优秀人才。

三、篮球课的具体实施

在具体实施篮球运动教学的过程中,教师要对篮球运动教学课的结构进行合理安排。所谓课的结构,是课堂教学与训练的内部组织形式,具体是指课的组成部分以及进行的顺序和时间的分配。对教师来说,掌握和运用课的结构理论有着非常重要的意义,既有利于教师对教学训练的程序进行合理的规划和操作,科学分配教学训练的时间,对教学、训练活动进行合理、有效的调节,对教学内容进行严谨的组织,促使教学节奏更加紧凑,同时还能够保障教学任务在规定的时间内得以有效完成。

(一)理论课的具体实施

课堂教学是高校篮球运动教学理论课的主要开展形式。这种授课形式,主要是以教师的讲解为主,同时适当安排一些课堂讨论,以更好地激发和调动学生的学习兴趣。理论课教学的具体实施步骤如下。

(1)通过采用讲述或提问的形式,教师引出篮球运动教学上一节课的

第三章 高校篮球运动教学的开展与组织实施

教学内容,从而为本节课的教学做好准备。

(2)对本节课的教学内容进行讲授。在教学过程中,教师要对本节课的重点和难点进行反复论证,从而使学生能够更好地掌握和理解本节课的主要教学内容。

(3)在本节理论课教学的结束部分,对于本节课的主要内容,教师要简明扼要地做出总结,并对本节课的重点进行归纳,同时布置一些课后作业,向学生说明下节课的教学内容。

通常来说,篮球运动教学理论课主要分为新授课和复习课两种。下面主要就这两种理论课的结构和组织来进行阐述。

新授课的结构主要包括组织教学、导入新课、讲授新课和布置作业四部分。其中,对本节课的新授内容进行讲授是核心环节,教师常常会在这一部分花费更多的时间和精力。

复习课的作用主要是帮助学生对已学知识进行巩固,加深理解,并做到融会贯通。复习课主要包括三个部分:一是组织教学,将本次复习的目的和具体要求提出来;二是采用多种方法进行复习;三是做出小结。

(二)训练课的具体实施

对于篮球运动训练课的组织,教师必须给予充分的重视,这主要是因为,上好训练课,有利于更好地完成训练计划,提高学生的训练水平,并贯彻科学系统的训练原则。教师应根据教学大纲的具体内容和要求,对训练课的内容、顺序和进度做出合理的安排,这就要求教师必须把握好教学大纲的精神和思想。训练课的进行不是随意而为的,而是以学生的心理和生理特点、篮球运动的特点以及运动规律为主要依据有针对性地进行的。

1.篮球训练课的结构安排

在安排篮球训练课的结构时,重点是对准备部分、基本部分和结束部分的具体内容进行合理安排,同时也要对不同部分所占的比例关系做出合理安排。

(1)准备部分

①主要目的

从生理和心理方面促使学生做好承受较大运动负荷的准备,从而避免学生在训练中出现运动损伤,这是训练课准备部分的主要目的。

②主要任务

篮球课的主要训练任务包括以下两个方面。

第一,对学生进行组织,集中学生的注意力,以保证教学效率的提高。

第二,增强学生神经系统、内脏器官以及各肌肉群的活动,提高学生的兴奋性,以进一步增强课程的学习气氛。

③主要内容

首先,由班长、队长或值日生来进行集合整队,清点队列的人数,并向教师汇报。其次,教师进行考勤检查,并向学生说明本节课的训练任务和要求。准备部分所安排的训练内容主要是由基本部分的教学和训练内容决定的。也就是说,准备活动要根据基本部分的教学和训练内容需要来进行有针对性的选择练习。一般来说,在准备部分主要安排各种走、跑、跳练习,以及各种控制球、徒手体操以及相应的游戏练习。在训练课中,除了要安排一般性的准备活动之外,还要根据实际需要进行专门性的准备活动。

④组织方法

集体形式是篮球训练课的主要组织方法,但这并不是说所有的教学和训练都要采用集体的形式,也存在一些特殊情况,如根据实际需要,在训练课中安排一定时间的个人特殊准备活动。

⑤时间安排

准备部分的主要目的和任务就是使学生能够尽快地进入训练状态。在一节训练课中,身体的准备活动是必不可少的,该部分内容所占的时间一般为15~20分钟。通过进行准备活动,学生既能够集中注意力,充分放松身体,同时还能够为基本部分的练习做好准备。

(2)基本部分

①主要目的

训练课的目的既包含了教学课的主要目的,同时要着力提高学生的比赛能力和适应能力。

②主要任务

篮球运动训练课的主要任务是,根据篮球课程教学大纲的具体要求和训练计划的具体安排,通过不断创造出更加有利的训练条件,促使学生更好地掌握篮球运动技战术,并提高学生对篮球运动技战术的运用能力。

此外,通过安排适宜强度的训练,在循序渐进的过程中,促使学生的运动素质得到全面发展,增强学生体质,提高学生的篮球运动水平和技巧,增强学生的篮球意识;同时,加强学生的思想道德教育和心理训练,培养学生顽强的拼搏精神和良好作风。

③主要内容

根据具体的篮球运动训练课训练计划,采用各种练习方法和手段以及比赛,促使学生的各项素质和能力得到全面发展,提高学生的实践能力,这就是篮球运动训练课的主要内容。常采用的练习方法和比赛主要有个人的、小组的、全队的身体练习,技术和战术练习,教学比赛,对外比赛等。此外,教师应根据每一个时期的具体训练任务,对运动强度和运动量进行循序渐进的增加,促使学生的各项素质和能力得到最大程度的提高。

④组织方法

通常情况下,是先教授新内容,然后复习旧内容,并进行相应的强化和巩固,最后安排一些提高学生身体素质的专门练习。在开展实践课教学时,教师要以课的任务、学生的具体情况,以及课的时间、场地、器材等条件为主要依据,来对练习方法和手段进行有针对性的选择。

需要提醒的是,在篮球运动教学过程中,教师必须始终遵循循序渐进的原则,这主要从以下两个方面体现出来。

第一，在教授篮球运动技术时，要先对单个动作进行教授，然后再将单个技术动作进行组合来进行练习，最后在比赛中运用。

第二，在开展篮球运动战术教学时，首先要对基础的战术配合进行传授，然后再教整体的战术配合，最后在比赛中运用。

⑤时间安排

从时间上来看，高校目前的篮球运动教学课为两节课连上，时间大约为90分钟。在全课时中，训练课的时间占到70%左右。

(3)结束部分

①主要目的

安排一些整理活动来帮助学生消除体内积存的乳酸，并使学生在运动时出现的氧债得到一定程度的补偿，使学生参与运动的肌肉快速恢复到运动前的状态，最终使学生的生理和心理恢复到平静状态。

②主要内容

该部分的主要内容包括游戏、放松练习和转移注意力的练习，此外还可以适当选择一些运动量不大的投篮、罚球练习等。

在结束训练课之前，教师还要组织学生进行讲评，并做出小结。常采用的形式主要有两种：一是由教师针对本节课的内容做出小结；二是师生共同对本节教学课做出小结。做出的小结要有针对性，要简明扼要；要以表扬为主，以批评为辅；以正面教育为主，尽可能减少负面教育，避免打击学生参与训练的积极性。

③时间安排

篮球运动教学课的结束部分一般用时5～10分钟。

2.训练课的内容安排

训练课的内容主要包括四个部分，即学生的组织、练习的组织、课的时间安排和运动负荷的安排。下面进行简要分析。

(1)学生的组织

学生的组织形式主要有两种，分别是集体训练和个人训练，通常来说,在具体实践中这两种训练形式都是结合使用的。

(2)练习的组织

练习的组织内容主要是安排训练课的作业内容和程序。一般来说,基本技术练习是首先要进行的,然后就是战术配合,再就是进行全队战术训练,最后开展相应的教学比赛训练。

(3)课的时间安排

篮球课的时间主要有45分钟和90分钟两种。合理分配课的时间,有利于教学任务的顺利完成。在安排篮球运动教学课的时间方面,常见的安排方法是:60%的时间用来学习新内容,40%的时间用来巩固和复习。

(4)运动负荷的安排

在篮球运动训练课中,对运动负荷的合理安排是其中非常重要的环节。教师所组织安排的训练内容是否合理,是否与客观规律相符,是决定一节篮球训练课能否成功的重要因素。此外,对运动负荷进行合理控制也是非常重要的。在篮球训练课中,合理安排与控制运动负荷是非常重要的问题。只有将这一问题解决好,才能最大限度地提高学生的身体素质与技战术训练水平。

(三)篮球观摩讨论课的具体实施

与其他类型的篮球课程相比,篮球观摩讨论课有着更为灵活的形式,其主要目的和任务就是提高学生的表达能力,并发展学生分析和观察的能力,以使学生的创造性思维得到激发。这种形式主要在进行篮球运动规则、裁判法以及篮球运动技战术教学时采用。

在组织开展篮球运动教学观摩讨论课之前,教师要将观摩的内容、观察重点、需要解决的问题以及纪律等方面的具体要求向学生说明。观摩对象既可以是一次篮球课或篮球比赛,也可以是有关篮球运动技战术的录像片或电影等。在观摩的过程中,学生要做好笔记,将自己的体会和感想予以记录,并提出疑问,从而为接下来的讨论做好准备。

在观摩讨论的过程中,教师要做引导性发言,围绕本节课的主题,组织学生进行发言。

在篮球观摩讨论课结束时,教师应做总结性发言,对讨论的问题和学生的讨论情况进行评价。未能得出结论的问题可以留待日后或下节课继续进行探讨。

(四)篮球实习课的具体实施

促使学生篮球运动学习和训练能力、组织竞赛能力以及裁判水平不断提高是开展篮球运动实习课的主要目的。

在实习开始时,对于参与实习的人数,教师要进行确定,并指导学生做好准备工作。

在实习过程中,教师要做好观察和记录工作。

在实习结束时,针对学生的具体实习情况,教师要做出评价,同时鼓励学生参与实习课的评价。参与实习的学生要做出实习总结,为提高自身的学习能力奠定基础。

第四章 高校篮球运动教学要素的优化策略

篮球运动发展至今,受到不同性别、不同年龄段人群的欢迎,大学生也成为参与篮球运动的一大群体,高校篮球运动呈现出较好的发展趋势。但是,要想持续推动高校篮球运动的发展,必须采取切实可行的策略,有效优化高校篮球课程的各项教学要素,提高高校篮球运动教学的效率,促使篮球运动对大学生发挥更显著的积极作用。

第一节 高校篮球运动教学内容的优化

一、优化高校篮球运动教学内容的原则

(一)科学性原则

科学性是指篮球课程教学不仅要与现代科学技术相融合,把多媒体技术、网络技术引入专项教学内容中,也要合理地对教学内容进行剪裁、加工、组合,实现教学内容资源的优化。

(二)发展性原则

篮球理论建设已初具系统化、综合化和微观化;人们对篮球运动本质和规律的认识不断深入;篮球技战术不断创新和发展;篮球运动向产业化、职业化方向发展,大众篮球运动蓬勃发展。要想使篮球运动持续健康发展,高校篮球课程的教学内容应当在继承的基础上积极吸纳和整合现代篮球运动的新理论、新知识以及新技能。

篮球课程教学内容拓宽是社会发展和变化的结果,具体来说,篮球课

教学内容拓宽一方面表现为其外延的扩张,呈现出跨学科的状态。跨学科组织教学内容在篮球和其他学科间架起沟通的桥梁,既强调了各学科之间的共性,又不排除各学科之间的特性。这样的学习内容既符合现代科学发展的需要,又符合学生的主观需要;打破了学科之间独立分割的状况,消除了单一学科的局限;篮球与心理、社会和教育等学科的交融,突出了篮球主修课教学中的关键性内容,消除了某些无用的重复。从某种程度来说,跨学科使得教学内容更加灵活,对引进新知识和有效应用各个方面的知识有显著的积极作用。另一方面,篮球课教学内容拓宽表现为其内涵的加深。未来的篮球教学具有现实性和开放性,它不仅要与国际接轨,强调国际交流与合作,吸取各国教学的新经验,实行双语教学,也要立足于社会的需求和个人发展。篮球教学必须适应篮球运动社会化、产业化发展的趋向,根据人才培养的目标完善和调整课程内容。除此之外,篮球教学必须对课程内容加以规划、设计,充分发挥隐性课程的作用,使课程的各个方面为达成预期的教育目标服务。

(三)可实践性原则

教学内容是篮球课程教学的三大要素之一,不仅要把学生实际接受的可能性纳入考虑范围,也要把教师自身的条件纳入考虑范围。倘若不兼顾教师和学生的实际情况,则会导致资源浪费,同时会对教学效果产生直接性影响。教师不仅要依据教学内容教学,更要依据本院校主修课标准的要求,根据现实的教学实践状况,面向教学内容之外的生活,面向学生的创造性实践和实际需要,创造性地使用教学内容。

(四)知识条理性原则

篮球运动知识的形成过程是有序的历史过程,所以其中的条理性原则表现为以时间顺序为依据来组织相关的教学内容。需要说明的是,篮球运动知识的条理性不仅要求在时间层面看得清晰,同时要求在知识的逻辑关系和系统化等多个层面加深理解。只有这样,才能深入理解知识条理性原则的含义。

(五)知识关联性原则

(1)从篮球教学内容自身的逻辑关联上看,纵向有历史联系,横向则有各学科之间的知识联系,只有注意到这些内在联系,才能使教学内容的优化创新过程更加系统化。

(2)学生的已学知识关联。在组织篮球教学内容时,教师应要求学生把已有的知识关联起来,进而提出新的学习课题与问题。这样可以推动学生进行新的探究和思考,学习新的知识,丰富经验,掌握新技能。

(六)知识实用性原则

篮球教学内容的优化创新要遵循实用性原则,而不能只是纸上谈兵。优化后的教学内容必须在实践训练和教学中真正发挥作用,也就是说,篮球教学内容的优化创新要对学生和教师都有实用价值。

举例来说,教材的编写仅仅是编者主观的产物,但编者一定要妥善处理知识的条理性问题、基础性问题以及关联性问题等,从而保证主观条件和客观条件相符合,只有这样,才能获得预期效果。教材的实用性具体反映为篮球教学内容的范围、顺序以及要求能对师生发挥积极作用。

二、优化高校篮球运动教学内容的策略

要想从根本上解决高校篮球教学内容中出现的问题,就一定要有效优化传统教学内容。

(一)树立教学创新观念,培养创新人才

当前,高校篮球教师必须树立创新的理念,同时以社会变化和学生实际需求为基础,对篮球教学内容进行优化创新,使学生在教学课中能够接触到最新的理念和知识。除此之外,在篮球教学过程中,教师必须坚持学生的主体地位,培养学生的批判、质疑、创新精神。因此,高校篮球教师要有教学创新的意识和观念,要尊重学生在学习中的"脑洞大开",保护学生的好奇心,要针对具体的情境因势利导,使学生在学习过程中获得创新的观念、意识、思维、精神和能力。

(二)大力优化篮球课程教学的教材内容

教材是篮球教学内容最主要的来源,教材内容往往具有较强的科学性和权威性。但是随着社会不断发展进步,知识量的增长是爆炸式的,但教材的知识却不是无限的。因为篮球教材的编写、出版等需要经历很长周期,所以篮球教材内容难免会出现滞后于社会发展和科技发展的情况。基于此,必须及时优化和创新篮球教材内容。

篮球教材内容的创新主要包含篮球教材编写层面的创新与教师教学层面的创新。从教材编写的层面来说,编写者将课程标准的基本思想充分领会、掌握,并将之反映在教材之中,所以说教材编写者也必须充分发挥自身的创新能力,从而为满足不同个性、不同标准的学生编写出具有不同风格和特色的教材。从篮球教师的教学层面来说,篮球教材内容的优化创新主要是指篮球教师通过合理的教学方法使教材内容成为篮球教学内容的过程,具体方式如下:

首先,教师应重组和整合篮球教材内容,使其符合教学实际。传统的篮球教材内容往往是专家、学者按照特定的要求编写的,因此往往严密性和逻辑性很强。这种编写方式虽有利于教学,但容易脱离教育教学实际,不利于学生的理解和掌握。教材的课程内容需经过篮球教师的讲解,才真正成为教学内容展现给学生,因此在教学过程中,教师可根据教学目标和实际情况对教材内容加以取舍,删减掉其中落后、冗余的内容,并将随着时代发展而来的新生事物补充进来。

其次,设置一定的情境,使篮球教学内容背景化。对教材中一些难以理解的抽象知识,教师可通过设置教学情境,或引导学生了解该知识点相关的背景知识,降低学习难度,使学生更易掌握。

最后,将篮球教学内容过程化。篮球教师在教学过程中要将篮球教学内容过程化,也就是说,要注重介绍知识的产生、发展和应用等内容,注重引导学生通过观察、调查、研究等方式得到问题的结果,同时课程中还要注重情感、态度、价值观的渗透,使学生全方位地发展。

(三)改善对篮球课程资源的开发效果和利用效果

课程资源在进入课堂后,才能在教学层面发挥应有的作用,才能将其价值与意义充分地彰显出来,开发和利用篮球课程资源的方法如下所述。

1.调动一线篮球教师的主观能动性,改善开发和利用的效果

目前,课程资源缺乏是篮球课程资源开发中遇到的最大问题,也是篮球教师面临的困难。篮球课程资源缺乏有很多原因,其中一个重要的原因就是教师缺乏课程意识,同时也没有意识到他们自身也是很重要的课程资源。一般人认为,课程资源的开发和利用应该由专家、学者负责,而篮球教师则与此无关。可是,课程改革对篮球教师提出的新要求就是具有课程开发的专业素养和能力。除此之外,篮球教师往往还应具备课程资源的鉴别、开发、积累和利用的能力。因此,积极调动一线篮球教师的积极性,从而有效开发和利用篮球课程资源是很重要的。

2.基于调查结果确定篮球课程资源的开发类型和开发方式

首先,通过进行社会调查确定或揭示当代社会对篮球人才素质的基本要求,了解当前可供开发和利用的篮球课程资源,这个调查必须广泛,涵盖篮球教育的各个层面。

其次,通过进行学生调查来明确学生对于篮球课程资源的需要和兴趣,以及能起到最大作用的课程资源是什么。

最后,在明确了开发、利用什么样的篮球课程资源的基础上,进行篮球课程资源开发和利用的具体措施的制定,从而确保篮球课程资源高效、顺利、切实地融入篮球的教学层面,为篮球教师的教学和学生的学习、发展服务。

3.建设特色鲜明的校园篮球文化

校园篮球文化主要作为非学术性的隐性课程,在培养和塑造学生人格方面发挥着显著作用。

(四)改善对学生资源的开发效果和利用效果

对学生资源的开发和利用关系到篮球教学目标的确立、教学内容的组织、教学实施的方式等重要因素。篮球教学课是为了学生的发展而存

在的,而进行课程改革也是为了学生更好地发展。学生作为重要的篮球课程资源,对其重视程度应该加以提高,篮球课程教学内容的选择和组织必须充分考虑到学生的身心发展水平,同时结合不同学生在兴趣、爱好、认知水平、心智水平等方面的差异。因此,在开发和利用学生资源时,教师必须及时更新理念,尊重学生的个体差异,坚持学生在教学中的主体地位,最大限度地挖掘学生的潜能,通过合理的开发利用,使学生成为篮球教学内容的直接教学资源。

(五)采取多元化措施提升篮球教师的素质

提升篮球教师的素质是优化高校篮球运动教学内容的重中之重。在体育教育改革的形势下,篮球教学内容变得更加开放、不确定,这表明篮球教师必须成为篮球课程资源的开发者和课程创新者,这是对篮球教师主体性和创造性的尊重,同时也对篮球教师提出了严峻的挑战。篮球教师能否承担此重任,能否在这样的情况下实施有效的教学,都取决于教师的素质和能力,所以当务之急是采取多种措施来提升篮球教师的素质。但必须正视的是,现阶段广大篮球教师的现实情况和教育改革提出的要求存在很大差距,实现预期目标还需要长时间的努力。

第二节 高校篮球运动教学方法的优化

一、优化高校篮球运动教学方法的原则

语言、实物、实践是构成篮球教学方法的主要因素。首先,语言是教师和学生交流最有效的沟通媒介;其次,就实物来说,高校篮球运动教学不能没有必需的器材设备,篮球教学课上的器材情况也制约着教师教学方法的实施;最后,篮球教学的最大特点是实践性较强。因此,只有把语言、实物、实践三个因素有机地结合起来,才会发挥教学方法的最大作用。在综合分析构成教学方法诸因素的基础上,对篮球教学方法进行优化和创新必须遵循以下几项原则。

(一)科学性原则

科学性原则对优化高校篮球运动教学方法提出以下几项要求。

1. 教学方法的优化要符合教学规律

篮球教学的突出特点是教师必须通过各种身体练习进行教学,从而达到提高学生技战术水平、增强学生体质的目的。这项特点决定了高校篮球运动教学必须遵循动作形成规律和人体生理活动规律,具体如下:

(1)动作形成规律。动作形成可以分为掌握动作、改进动作、巩固与运用动作三个阶段。

(2)人体生理活动规律。人体各种生理活动都具有周期变化的规律,人们在锻炼时必须遵循人体生理活动规律,如此才能收到良好的效果。

2. 教学方法的优化要遵循教学原则

高校篮球教学要遵循以下原则。

(1)自觉积极性原则。

(2)全面发展原则。

(3)合理的运动负荷原则。

(4)循序渐进原则。

(5)巩固提高原则。

(6)统一要求与因材施教相结合的原则。

3. 教学方法的优化要依据教学目标

高校篮球运动教学的目标就是指教学过程中需要达到的目标。具体来说,一是促使学生身心全面发展;二是帮助学生掌握篮球技战术和相关理论知识;三是培养学生终身体育意识。

(二)直观性原则

直观性原则的理论基础是辩证唯物主义的认识论和心理学中的感知规律。高校篮球运动教学的直观形式有实物直观、模像直观、语言直观等,这些方法在教学中互相协调、互相补充。在篮球教学过程中,教师应要求学生细心观察示范动作,认真听取技术要领和方法,学生通过教师的讲解与示范,结合自身的技术经验和思维感官模式,在头脑中建立直观生

动的表象。具体来说,篮球教师贯彻直观性原则的注意事项如下:

(1)对运用直观性原则的要求和目的有清晰的认识。

(2)充分发挥教师本身对学生的直观作用。

(3)严格依据学生的实际情况。

(4)恰当地运用模拟直观手段。

(5)教学语言要生动形象。

(6)直观性原则要贯穿教学的全过程。

(三)多元性原则

构成和影响篮球教学方法的因素是动态性、复杂性和多样性的,这就直接决定了篮球教学方法优化与创新的多元性。对于多元性原则可以从两个方面理解:一方面,篮球教学方法的使用和选择不能固定不变;另一方面,任何一种教学方法的选择和运用都具有继承性。

由此不难得出,高校篮球教师运用和贯彻多元性原则,既要掌握教学方法的共同规律,又要从实际出发,创造性地选择和运用教学方法,此外要综合运用多元教学方法。

(四)系统整体性原则

现代教学方法应是一个体系化的一般教学方法,每种方法作为一个要素,均有各自的特点、范围和条件。简单来说,多种教学方法之间存在着相互联系、相互借鉴、相互启发、相互促进、不排他、部分重合的关系。

(五)持久有效性原则

在篮球教学中,教师应运用尽可能少的时间和较少的资源,完成尽可能多的教学任务,达到较好的教学效果,并以此减轻学生的学习负担,提高学习效率,促进学生全面发展。这样的教学产生的效果往往是持久有效的,这种教学方法也能持续稳定地发挥作用。

(六)灵活创新性原则

从根本上来说,篮球教学不是一成不变的。在高校篮球运动教学中,盲目套用教学方法来传授有关的教学内容并不能获得预期的教学效果。

这就要求教师应熟悉所运用教学方法的操作形式和特点；此外，教师应当根据学生特点、教学条件以及教学目标灵活运用适宜的教学方法。教无定法，创造新法，高校篮球教师在篮球课程教学中应当全面深入地了解教学规律，主动完成对各项教学方法的优化工作。

(七)从实际情况出发原则

篮球教学是由教师的"教"和学生的"学"组成的双边活动。因此，教师应充分考虑教师和学生双重因素，从教师和学生两个方面的实际情况出发，合理地对教学方法进行优化创新。从学生实际出发，要求教师掌握学生的心理特征，了解学生的知识基础。

高校篮球教师贯彻从实际情况出发的原则应注意以下事项。

首先，要深入开展调查研究，切实掌握学生的具体情况。篮球教师要通过各种途径和方法了解学生关于篮球学习的各种情况，不仅要了解学生的普遍情况，还要了解个别学生的特殊情况，分清其中各种有利因素与不利因素。

其次，针对学生的实际情况，确定教学的具体要求。教学要求过高或过低都不利于学生的发展；最后，要把一般要求和区别对待充分结合起来，在一个班级内绝大部分学生的年龄、体质、身体发展和篮球基础都是相似的，但也会存在少部分学生与大多数学生有明显差异的现象，这就使得教师必须在一般要求的基础上，注意个别对待，因材施教。

(八)统一要求与因材施教相结合的原则

篮球教学一般采用班级授课制，班级是学生的学习集体，班级教学有着统一的规范化要求。但在学生掌握的基础知识和技能水平等多个方面差异的影响下，统一要求很有可能会弱化学生个性的培养效果，从而对充分发挥学生特长产生负面影响。由此可见，篮球教师在统一要求的基础上应当因材施教，具体做到以下几点。

一方面，深入了解学生是运用这项原则的基础。传授知识和技能是在篮球教师的统一教学中进行的，篮球教师要深入了解学生的体质、健康状况、技能水平和个性特征，否则会使篮球教学的因材施教陷入盲目状态。

另一方面,"面向中间,兼顾两头"是贯彻这一原则的主要方法。所谓"面向中间,兼顾两头",即篮球教师应在了解学生身心特点的基础上,面向大多数具有共性特征的学生,对少数具有个别特点的学生要给予兼顾,使基础差的学生能逐步跟上,而对天赋超强的学生要使其能够充分发挥专长。

(九)教学理论指导下的试验先行原则

教学方法具有很强的实践性,这项特点要求篮球教学方法的优化创新必须坚持试验先行原则。在探讨教学方法的创新时必须首先进行个别的或局部的试验,经实践证明有实施价值的教学方法,才能让更多教师使用。教学方法的试验与实践,一定要在教学理论的指导下进行。因为一定的教学方法在特定的教育理论、教育思想指导下才能够形成,所以篮球教师必须认真研究教学理论、教学思想,在正确的理论和思想指导下,进行教学方法的优化创新。

篮球教师贯彻教学理论指导下的试验先行原则必须做到的是:在实践中科学地应用教育教学理论,同时教学方法只有经过成功的试验才能采用,教学方法的试验一定要在教学理论指导下进行,决不能盲目实验。

二、高校篮球教学中教学方法的创新选择与组合

(一)根据学生实际水平、学习兴趣进行分层教学

在高校篮球运动教学中,学生的体能、学习方式、意识、技战术、个性特征等方面存在着较大的差异,普通教学方法无法适应教学要求,教师教学应在普通教学法的基础上采用分层教学法,对篮球教学进行新的探索。针对不同素质学生的学习能力,教师应设计不同层次的教学目标,根据教学目标,提出不同层次的学习要求,给予不同层次的帮助,进行不同层次的评价,从而使每个学生都在各自原有的基础上取得进步。

(二)创设情境,营造氛围,开展情境式教学

在高校篮球运动教学中,情境教学法是一种新型辅助教学方法,在教

学中能充分发挥教师的主导性和学生的主体性,激发学生的学习兴趣,使学生在掌握基本的体育知识、基本技能的基础上,有效提高体育运动成绩。与此同时,教师应根据教学基本理论,依照学生的身心发展特征,结合不同学生的实际情况,设计出科学合理的教学情境,否则学生容易产生厌烦情绪,影响学习效果。

(三)注重个性培养,加强团队协作,开展比赛教学

所有竞技运动项目最终都会回归到比赛中去,篮球运动也不例外。精彩的篮球比赛总是能够让人热血澎湃,因此,在篮球教学中根据不同的教学内容和教学阶段,穿插引用比赛教学法有助于提高学生学习兴趣,同时有助于学生在实践中强化技能,提高心理素质,增强团队意识。例如,教师可以在基本运球、投篮、传球练习中采用分组比赛的形式组织学生进行练习。学生以组为单位,或者两人一组,进行相互对抗性练习,以抢到对方球,同时以保证自己不失球为规则进行比拼;在投篮中采用各个位置的投篮组合形式,以命中率为标准进行竞争;在传球练习中,以小组为单位,进行三人或者多人配合传球练习。

三、优化高校篮球运动教学方法的策略

在篮球教学过程中,教学方法的作用毋庸置疑,所以在篮球教学方法的优化创新过程中,篮球教师需要多加反思篮球教学课中存在的问题,并探究出创新的解决策略。

(一)篮球教学方法多元化策略

在篮球教学中,无论是技术还是战术,复杂性都很强,因此高校篮球教师必须选择多元化的教学方法,不能固守一种或两种教学方法。

(二)篮球教学方法的最优化策略

恰当的教学方法和篮球教师合理运用这些方法是教学过程中两个不可忽视的关键点。对于教师来说,在实际的篮球教学方法优化创新过程中,要重视教学方法的系统性和操作性,系统性有助于教师进行整体把

握,而操作性无疑使篮球教师在教学过程中的实际操作更加方便。

(三)篮球教学方法的现代化策略

把现代科技作为教学媒介,同时在此基础上完成推广使用,有助于增强学生的篮球意识。在高校篮球运动教学中,如果篮球教师可以高效应用现代科技带来的先进成果,学生在学习中所表现出的主动学习的意向、学习的愉悦感和学习的动机都会增强。

在科学技术快速发展的当下,篮球教学方法的优化应当和现代科学技术充分结合起来,由此推动现代科学技术更好地服务于高校篮球运动教学。

(四)篮球教学方法合作化发展策略

合作化就是指以合作学习法为基础来进行教学方法的优化创新。随着社会的飞速发展,篮球教学方法在自身体系中,逐渐重视各种教学方法动态要素之间的紧密合作,通过这种合作达到一种动态平衡。这种融合了各种教学方法优势的合作,不仅能提高学生篮球技战术水平和增加学生篮球理论知识储备,更能够培养学生互帮互助、团结友爱的道德品质。

第三节 高校篮球运动教学模式的优化

一、优化高校篮球运动教学模式的必要性

(一)学生身心发展和个性发展的需求

在新时代背景下,高校首先要明确篮球教学理念,加大教学改革力度并不断优化和创新现有的教学模式,重视学生身体素质和心理素质的培养,并充分尊重学生的个性发展趋势,进而逐渐形成本校篮球教学的新特色和新途径。还需要说明的是,高校篮球教师应当充分尊重广大学生对篮球教学的多样化需求,推动校园篮球文化的建设,使高校篮球运动教学逐步演变成提高学生篮球技能水平和培养学生篮球运动兴趣的重要

阵地。

(二)实施素质教育和终身体育的迫切需要

篮球运动在大学生群体中拥有较为广泛的基础,是大学生课外文化活动的重要组成部分。然而现有的篮球教学模式显然不能满足学生对篮球运动的进一步学习需求,以致形成学生喜欢篮球却不爱上篮球课的困境。

优化与创新现有的篮球教学模式,不仅会提高学生的全面综合素质,而且随着学生篮球技能的提高,学生会自发地参与篮球学习、训练和比赛,进而形成强烈的参与篮球运动的兴趣与动力,最终增强学生终身体育的意识。

二、优化高校篮球运动教学模式的策略

(一)坚持健康第一、以人为本的教学宗旨

在新时代背景下,高校篮球教学的一项重要任务是增进学生身心健康,在快乐体育教学的氛围中激发学生对篮球运动的参与和投入,进而培养学生的终身体育意识。因此,优化和创新篮球教学模式一定要秉承以人为本的教育宗旨,尊重学生在教学中的主导地位,并从教学实际出发,关注学生变化和个体差异,确保学生全面受益。健康第一、以人为本的教学宗旨是当今高校篮球教学改革的根本方向和目标,同时也是完善与改进教学模式的主导思想。

(二)实施互动式篮球教学模式

(1)高校要制定出行之有效的篮球教学改革方案,细化每一阶段的教学目标,并根据教学实际进行调整,从而把教学目标转化为师生之间有效互动的具体行为。在教学模式优化中,高校篮球教师要不断创新教学管理的途径,加强互动式教学模式的应用,从而有效调动学生参与课堂教学的兴趣和积极性。

(2)高校篮球教师应灵活安排教学时间,最大限度地满足学生参与篮

球运动的需求,不断丰富教学手段以提高篮球教学的趣味性,促使学生在轻松愉快的学习氛围下展开学习,这将极大地促进篮球教学效果的提升,而且篮球教师也能够高效地完成篮球教学目标。

(3)高校篮球教师要结合不同学生的特点实施篮球专项训练,目的是让学生巩固和强化篮球基本技能,进而发展专长,并从中掌握自我提高的步骤及策略,逐渐养成终身体育的方法和习惯。

(4)互动式篮球教学模式的构建一定要遵循循序渐进的原则,在现有教学模式的基础上逐步推进,进而实现有效衔接,这对于整体提升篮球教学质量具有不可替代的作用和意义。

(三)全面深化高校篮球教学模式改革

(1)高校要合理设置和安排各年级篮球课程的类型、顺序和学时,确保场地及器材能够有效满足篮球教学,并根据实际学情,加强对篮球设施的建设及日常维护。

(2)高校要强化对篮球专业教师的培训,不断提升教师的专业素质和教学能力,以满足新时代高校篮球教学的需要。篮球教师要不断探索和总结教学经验,与时俱进,进而提高篮球教学的效率和质量。

(3)所谓"兴趣是最好的老师",教师在优化和创新篮球教学模式时一定要从实际出发,充分参考学生对教学改革的意见,利用本校篮球教学的优势,逐步满足学生对篮球教学的愿望,最终有效提升教学效果。

(四)构建"小团体式"教学模式,激活教与学的积极性

"教"与"学"的推进不应当把教师当成主体,相反要着重突出教学的互动构建,在教师和学生相互沟通以及学生和学生相互沟通的过程中使教学质量得到大幅度提高。就高校篮球运动教学来说,学生在大多数情况下最需要的是问题探究和交流,伙伴在学习过程中的重要性被置于关键位置。"小团体式"教学模式更多强调合作式教学的组织开展,教师和学生之间以及学生与学生之间的沟通和交流具备良好的内部基础,具体要求如下:

(1)"小团体式"教学模式以学生为主体,教师应做好学生分组的工

作。教师应根据学生的实际情况科学划分小组,并明确各小组成员的角色,组长负责小组活动学习的开展。

(2)"小团体式"教学模式以任务驱动为导向,各小组在完成任务的同时,能够更好地学习理论知识,并在实践中得到巩固。因此,"小团体式"教学模式应将合作教学与任务驱动教学有机结合,在激发学生参与学习的同时,增强学生的合作意识。

(五)构建"尝试式"教学模式,体现"教师为主导、学生为主体"的教学理念

在现阶段,优化高校篮球运动教学模式必须突破传统教学的禁锢,并在此基础上运用新的教学理念和教学模式推动篮球教学的改革与发展。具体到"尝试式"教学模式的构建,其具体任务就是克服传统"传习式"教学的弊端,突出"学生能尝试、能创新、能成功"。由此不难发现,"尝试式"教学模式侧重强调学生的主体地位和教师的主导作用,具体如下:

(1)教师作为学生学习的促进者,主导教学的推进。教师指导学生尝试学习,使学生在尝试中不断地完善自我,进而形成自我的学习体会与心得,这对于学生创新性学习能起到重要作用。

(2)教师在尝试的基础之上进行尝试性练习,让学生在"尝试+游戏"中体会练习的乐趣,消除了传统单一教学中学生学习兴趣不高、参与不积极的问题,为有效教学构建了良好的教学氛围。

(六)构建"领会式"教学模式,培养学生的认知能力

虽然篮球运动的普及程度高且深受学生欢迎,但是学生对篮球运动的了解程度比较浅,篮球教师应保证各项教学实践活动达到整体性要求,通过多种方式与方法使学生对篮球运动形成全方位的认识。"领会式"教学模式就是反复强调篮球动作技术,同时着力培养学生的认知能力。从整体来说,在"领会式"教学模式下,教学内容项目化,从技巧演示、战术意识培养,到能力训练和动作完成,都是在"强化+反复"训练中实现的。

(1)传统的技巧练习法把"教"与"学"分离,不利于学生学习的指导,

也弱化了反复强化练习的重要作用,而"领会式"教学模式从教学的整体出发,克服了传统教学中"教"与"学"分离的弊端。

(2)教师应着力于学生战术意识的培养,让战术意识的培养贯穿整个教学训练过程。

(3)学生学习篮球运动的过程就是自我领悟和积累的过程,而"领会式"教学模式恰恰是在突出学生主体地位的基础上,全方位培养学生的篮球意识和能力。

第五章　高校篮球运动体能与心理训练

第一节　高校篮球运动体能训练

一、力量与速度素质训练

随着高校篮球技术、战术水平的不断提高,场上攻防速度越来越快,对抗日趋激烈,学生只有具备良好的专项身体素质,才能在激烈的比赛中立于不败之地。学生的专项身体训练要紧密结合篮球专项运动的特点,要根据技术风格及学生的年龄、性格、特点、不同训练阶段等情况,在各种素质训练安排上有所侧重。在训练中必须全面安排、突出重点、严格要求、常抓不懈,将各项素质训练安排到各个阶段的教学训练中。

(一)篮球力量素质训练

1. 力量素质概念

力量素质是各种运动项目的基础,在体能训练中普遍受到重视。学生力量训练主要通过负荷强度、练习密度、运动量和练习间歇时间实现。训练结构的不同组合对力量训练的效果不同,肌体所出现的适应性反应也不一样。一个人肌肉力量的大小受很多因素的影响,如肌肉的生理横断面积,神经肌肉的协调性,肌肉受刺激的强度,参加收缩运动单位的数目,收缩前肌肉的初始长度等。经过训练的学生参加收缩的肌纤维数可达90%以上,而一般的人只有60%左右。

力量训练具有年龄特点,15岁以前自然增长率年均为9%;15～18岁可达12%;14～17岁增长率最快,称为"快速增长期"。男子到25岁,女子到20岁就达到了个人顶峰,以后进入维持期。抓住力量增长敏感期进行力量训练可以达到事半功倍的效果。

2.力量素质练习方法

(1)发展手指、手腕力量

①手指用力抓空练习。

②两人一球,用单手手指互相推球(手指自然分开,用手指的力量推球)。

③两人坐着用指腕力量传篮球或实心球练习。

④左、右双手互相对抗,用力抓夺篮球练习。

⑤提高手腕、小臂力量。

练习:双手握杠铃杆,直臂做快速屈伸手腕练习。

(2)发展上肢力量

①负重推举:两人面对面站立,距离适中,互相推手。

②卧推:两人一组,一人仰卧,另一人用体重适量下压让同伴推起。

③两人一组,一人侧平举,另一位同伴用力压手腕对抗练习。

④负重伸屈臂练习。

⑤躬身负重,伸屈臂提拉杠铃练习。

(3)发展腰腹力量

①仰卧举腿、仰卧挺身练习。

②利用杠铃负重转体、挺身练习。

③跳起空中收腹、手打脚、转身、空中传球或空中变化动作上篮练习等。

④单、双脚连续左右跳过一定高度练习。

(4)发展下肢力量

①徒手半蹲或背靠墙半蹲练习。

②徒手单腿深蹲、起练习。

③提高下肢肌力。

④壶铃深蹲、跳练习:两人一组背靠背、臂套臂,利用人的体重进行负重深蹲(或半蹲)跳前进。

(5)发展全身肌力(循环练习)

①借助"跨栏架、强力腰带、加重球、沙坑"组合全面提高体能。在训练前充分利用田径场一头有沙坑的投掷区附近地区做如下布置。

在一处成直线放置7个跨栏架(高度跳到150厘米、每个栏架之间距离约80厘米)。在与跨步平行位置的地上画出长度有30米距离远的两条起点和终点横线。在附近的两处地上分别平行摆放好7个加重球和7条强力腰带(两人一球一带)。在布置好场地、器材后要充分做好准备活动和全身肌肉的牵拉后再进行上述练习。

②借助跨栏进行跳、跨、钻练习。将全队分成两组,在跨栏架前成两路纵队站立,在教师发出"开始"口令后,第一组先做,第二组后做,然后慢跑回起点,每人对下面的练习均要求做两次。

双手抱头面对栏架连续高抬腿,交替大步跨过7个栏架。双手抱头背对栏架高抬腿,连续大步跨过7个栏架。先将7个栏架调成高低交替的(4个高栏和3个低栏),然后两组列队,每人依次先用右腿跨过1个高栏后,再低身钻过1个低栏,如此连续跨过和钻过7个高、低栏。两组列队,每人依次连续用双脚跳过7个栏架(只允许前脚掌触地立即跳起,不允许前脚掌做调整后再跳起)。

③在30米冲刺跑区进行连续10次蛙跳和15米跨步飞跃跳、跑动练习。两组分前、后两列横队站立,进行以下练习。

两组分先、后次序依次进行连续10次蛙跳后慢跑回起点(每人4次)。两组分先、后次序依次进行连续15米跨步飞跃跳、跑,然后慢跑回起点(同样每人4次)。

④两人对面轮换向上、向后高抛球加重练习。两列横队(横向拉开、纵向对齐)后、两人相对为一组,持一个加重球,开始如下练习。

两人面对面相距5米站立,前排队员先双手持球下蹲,然后立即用力向上蹬腿、展腰臂和扣腕,将加重球向上高高抛起8次。两人背对距离10米远,同样由前排队员先双手持球下蹲,然后立即后跑,15次后换后排队员同上练习。

⑤全队成两路纵队,分先、后顺序进行 5 次 30 米冲刺"比快"跑练习。两队平行的两人为一组,各组要按先、后顺序进行 5 次 30 米"比快"的比赛,采取 3 胜 2 负规则,输的做 5 个俯卧撑。

⑥借助沙坑进行"三级跳远"练习

同样在沙坑前 3 米处排成两路纵队,按平行的为一组,依次轮换进行 5 次"三级跳远"练习,结束全部练习。

3.制约力量素质发展的因素

(1)神经强度

学生的神经强度越高,对肌肉发放的神经冲动和频率越强,肌肉中被调动的运动单位也越多,因而产生的肌力也越大。

(2)能量的物质特征

对力量素质影响显著的能量物质是腺苷三磷酸、肌糖原、蛋白质。腺苷三磷酸含量决定力量的速度特征;蛋白质既是能量物质,也是肌纤维的重要组成部分,因此提高这些能量及其代谢能力对学生力量素质的发展具有关键作用。

(3)白肌纤维及比例

白肌纤维具有收缩速度快、收缩力强的特点,是力量素质表现的主要物质基础。白肌纤维在肌肉的比例中占优势,有助于速度力量和大力量的发展。通过极限或次限强度的力量训练,可提高白肌纤维的收缩质量。

(4)肌肉初长度效应

在一定范围内,肌肉的收缩张力随初长度的增加而达最高值时,肌肉转入收缩过程越快,产生的收缩力越强。因此肌肉初长度的适宜性对力量素质的影响很大。

(5)雄性激素的影响

男、女在力量素质上表现出显著差异的重要原因之一是雄性激素的作用。雄性激素是人体蛋白质合成的重要激素,有助于增加肌肉中蛋白质的含量,提高肌肉质量。

4.速度力量训练的负荷控制

爆发力的发展取决于两个条件：①加快肌肉的收缩速度；②提高肌肉的收缩力量。爆发力根据肌张力程度及动作表现形式可细分为强直性爆发力，如举重类力量；弹跳性爆发力，如投掷类力量；反弹性爆发力，如跳跃性力量。三种爆发力的发展训练是有差异的：第一种是保持肌肉收缩的前提下，通过提高最大力量促其发展；第二种是以一定的力量为基础，通过提高肌肉收缩速度促其发展；第三种是在尽量加快肌肉拉长再收缩的时间前提下，发展肌肉最大张力和收缩力促其发展。因而，安排训练负荷应有针对性。

(二)篮球速度素质训练

1.速度训练的目的与任务

速度素质在学生的身体素质中占有特殊重要的地位，良好的速度素质是学生在比赛中取得时间和空间优势的重要因素，也是学生在比赛中技术、战术运用能否奏效的决定性因素。

篮球速度训练的目的就是根据篮球特点对学生速度素质的专门要求，采用有针对性的速度训练手段和方法，以全面发展学生的速度素质，从而确保学生篮球技术动作的结构特点与速度要素的发挥程度相吻合，使学生的速度能力在比赛中得到充分发挥。

2.速度训练的理论基础

速度素质是指人体进行快速运动的能力。包括人体对刺激快速反应的能力和快速完成动作的能力以及快速位移的能力。

速度素质按人体在运动中的表现形式分为反应速度、动作速度和位移速度。反应速度的快慢取决于信号通过反射弧各环节所需的时间以及条件反射的巩固程度(即完成技术动作的熟练程度)。动作速度的决定因素有肌肉中块肌纤维百分数及其肥大程度；肌纤维的兴奋性；完成技术动作的熟练程度。位移速度的决定因素有肌肉中块肌纤维百分数及其肥大程度；运动神经中枢兴奋与抑制的转换速度；肌肉的伸展性和弹性；各中枢之间的协调性，条件反射的巩固程度。

篮球技术动作是在瞬间变化中表现出各种不同的时空特征。仅仅是简单地判断反应不能适应这种瞬息万变，必须事先从时空特征上判断某一动作的出现，从而提前采取相应的对策，显然这种判断是有概率的，提高这种概率的正确性就是改善学生反应速度的重要方向。

篮球运动技术具有快速突然性，因此其供能特点是无氧供能，快肌纤维比慢肌纤维在无氧供能时转换的 ATP 更多，功率更大，快速肌肉收缩所完成的技术才更快。篮球技术动作过程是肌肉有序的收缩用力，技术动作在比赛中是在对抗下完成的，因此在发展速度素质的同时，还需发展最大力量和快速力量，提高动作速度的爆发力。

发展学生篮球运动的位移速度必须提高影响位移速度的动作频率和动作幅度。动作频率最受神经过程灵活性影响，动作幅度与肌肉的伸展性和弹性相关。同时还必须使速度要素与反应起动、加速等与篮球技术动作环节相适应。

高校篮球速度训练中，采用高负荷强度短距离的重复练习及相关的力量、耐力、柔韧训练，可提高学生运动神经中枢兴奋与抑制的转换速度，增大肌力及肌肉的伸展性和弹性，改善各中枢间的协调性，以提高学生的移动速度。

3.速度素质的训练安排

篮球速度的训练应符合篮球比赛对速度素质的要求，合理地安排速度训练的内容，选择有效的手段和方法，全面提高学生的反应速度、动作速度和位移速度。

篮球速度训练的安排应遵循以下几点。

(1)要科学地安排训练内容

其内容分为发展反应速度、动作速度、位移速度的训练。发展反应速度的训练，应经常利用突然发出的视、听信号进行重复练习；按信号做选择性练习；进行移动目标的练习。发展动作速度的训练，应采用与篮球比赛动作相似并能高速完成的动作进行重复练习；采用视、听信号等外界刺激，加快动作速度和简单的练习；运用负重做专门的动作速度练习；根据篮球比赛的时空要求,缩小时间和空间界限以提高动作速度的练习。发展位移速度的训练,应采用重复的训练,每次练习的强度通常为85%～100%,持续时间不宜超过10秒钟,重复的次数和组数以不影响强度的保持为限,并注重发展腿、腰、腹部位的力量训练,促进学生移动速度的强度。

(2)要把快速跑动与篮球技术动作练习衔接协调起来

确保学生在运用技术过程中不降低跑动速度;速度练习中的技术难度不宜过大,必须将注意力放在提高速度上。

(3)要有针对性

发展反应速度的练习要与加强观察力、时空判断能力的训练密切结合;发展动作速度的练习,需注重增强肌肉的可塑性、可伸展性及肌肉内部和肌肉群间的协调性;发展移动速度练习,则需注重提高学生的非乳酸无氧供能能力。

(4)要根据训练任务合理安排速度训练的顺序

在周期训练中,篮球速度训练应尽量安排在训练准备前期;在各素质训练的安排中,速度素质应安排在力量和耐力素质的前面,以确保学生在较好的体能和精神状态下完成速度练习的量和强度。

4.速度素质训练方法的选择与应用

首先,高校篮球速度素质训练的主要手段分为各种专门性练习、各种起动跑练习、篮球移动技术中各种跑的练习、结合球的速度练习。各种专门性练习,包括小步跑、后踢腿跑、高抬腿跑、左右侧交叉步跑、跨跳步跑结合、加速度跑、跑台阶、上下坡跑和牵引跑等,可以提高学生的位移速度。

其次,发展速度素质在实施过程中,大多与篮球技术训练结合起来进行组织。

二、灵敏与耐力素质训练

灵敏素质是学生的运动技能和各种素质在运动过程中的综合表现。

耐力素质通常可理解为人体长时间抗疲劳的能力,是衡量身体健康水平的一个重要指标,是从事运动的基础。教学实践中发现,学生身体素质和健康水平与以往相比呈下降趋势,由此提出教学中应合理、有效地进行耐力素质训练,从而使学生强身健体,终身受益。

(一)篮球灵敏素质训练

1.篮球灵敏素质训练的目的与任务

现代篮球运动对抗激烈,快速多变,这就要求学生具备良好的判断能力和反应速度,并在比赛的各种复杂变换条件下能够迅速、准确协调地做出应答动作。良好的灵敏素质有助于学生掌握各种复杂技术、战术和提高场上的应变能力,对学生进行篮球运动有着重要作用。

篮球灵敏素质训练的目的就是在全面提高与灵敏素质相关的反应速度、柔韧性、爆发力,改善肌肉的弹性和关节、韧带伸展性的基础上,使学生的各种素质能力均衡、协调发展,以提高学生的灵敏素质。

2.灵敏素质训练的理论基础

灵敏素质是指在各种突然变换的条件下,学生能够迅速、准确、协调地改变身体运动的空间位置和运动方向,以适应环境变化的能力。

灵敏素质是一种综合素质,与人对空间位置和对时间感觉的能力有关,也与速度和力量等素质的发展有关。灵敏素质的影响因素有:大脑皮层神经过程的灵活性;力量、速度、耐力、弹跳、柔韧等素质能力;时空判断能力与反应速度;运动技能掌握的数量和熟练程度以及年龄、性别、体重、疲劳程度等。

神经过程的灵活性高,兴奋与抑制的转换速度快,神经系统对人体各种复杂的移动用力程度及其控制能力就高,在身体素质全面良好的基础条件下动作的快速性、准确性和协调性就好。学生灵敏素质的训练就是要提高球感、动作感以及提高球的速度、力量、距离和各种篮球技术、战术时空特征的综合信息量,增加传入强度,提高各种感受器对微弱信息的感受能力。发展篮球灵敏素质的训练应在各种复杂变化的训练和比赛条件下进行,将各种时空特点通过信息加工,与大脑皮层建立联系,形成固定的动作反应,从而提高反应的灵敏度。同时,各种信息所建立的神经联系越多,神经过程的灵活性就越高,各种应变性条件反射就越快。因而在篮球训练和比赛中,熟练掌握各种篮球技术、战术的数量越多、质量越高,灵敏素质则越好。

同样,身体素质的均衡发展,对保持正确的动作用力,克服阻力条件下快速灵活地完成动作也有一定作用。例如,反应速度、起动速度、加速度、弹跳素质都对灵活性有重要影响;长时间的激烈运动要以耐力素质作保障,否则,运动中过早出现疲劳就会引起神经系统保护性抑制,出现反应迟钝、动作迟缓。

3. 灵敏素质的训练安排

篮球灵敏素质的训练应符合篮球对灵敏素质的专门要求,科学合理地安排好教学训练的内容,选择有效的手段和方法,以提高学生的灵敏素质。

篮球灵敏素质训练的教学安排应遵循以下几点。

第一,学生灵敏素质的训练应根据训练任务的要求,有计划地设计复杂的运动环境,并在训练中针对变化的条件发展相应的运动技术和技能,以提升学生技术运用的灵活性和应变能力,达到提高学生灵敏素质的目的。

第二,篮球灵敏素质训练的安排,通常练习负荷强度较大(极限负荷的60%~85%),持续时间较短(1分钟以内),练习重复次数较少(3~5次),练习应安排在每次课精力最充沛的阶段,以便提高学生的练习效果。

第三,篮球灵敏素质训练的教学安排中应注重加强视野、观察力、脚步移动能力和手控制球、支配球能力的训练。

第四,发展篮球灵敏素质的训练可安排换项训练内容,以培养学生在新异和复杂环境下的主动性、创造性,达到提高灵敏素质的目的。如采用足球练习提高脚步的灵活性,采用排球练习发展弹跳的爆发力。

4. 灵敏素质训练方法的选择与应用

篮球灵敏素质训练的主要手段如下。

第一,按教师发出的视、听信号,做各种滚翻,并结合起动快跑的练习。

第二,两人一组做影子练习,即一人做动作,另一人模仿;一对一进行各种追逐、闪躲练习。

第三,脚步、腰、胯的灵活性练习,将各种脚步动作组合成综合练习,在全场进行练习,按教师发出的视、听信号迅速改变动作。

第四,结合球的灵敏练习,接不同方向、不同距离、不同速度及不同位置的困难球;在篮球场上做各种变向运球移动的组合练习(如体前变向、胯下、背后、后转身等变向跑运球)。

第五,各种篮球基本技术、战术基础配合的对抗练习(一攻一、二攻二、三攻三等),并结合攻守转换的练习。

发展篮球灵敏素质实施过程中,应根据训练课的任务,从综合训练的实际出发交替安排训练的内容和练习方法。

(二)篮球耐力素质训练

1.耐力素质概念

耐力是指人体长时间坚持的能力。耐力素质是学生的重要素质。耐力素质按学生氧代谢特征,可分为有氧耐力和无氧耐力;按耐力素质与学生的关系,可分为一般耐力和专项耐力。而按一般耐力和专项耐力的分类体系研讨耐力训练的方法,更适合于篮球运动训练的实际需要。

学生必须具备很好的耐力素质,才能在比赛中始终保持充沛的精力和旺盛的斗志,才能保证技术、战术水平的正常发挥。现代篮球比赛需要在长时间、高速度移动、激烈对抗中完成各种复杂动作,对耐力特别是专项速度耐力提出了很高的要求。因此,一定要在耐力训练中采用重复多、密度大、间歇短的大强度和高速度的训练方法,提高学生神经系统的稳定性,增大肺活量,促进心血管系统的功能。

2.耐力素质练习方法

(1)发展一般耐力素质

提高一般耐力的基本途径是提高学生的摄氧、输氧及用氧能力,保持体内适宜糖原和脂肪的储存量,以及提高肌肉、关节、韧带等运动器官对长时间负荷的承受能力。

发展一般耐力经常采用持续匀速负荷、变速负荷的方法。负荷强度一般应控制在接近无氧代谢阈的强度,心率控制在160次/分左右。训练时应注意正确处理负荷强度、数量(距离、时间)及休息三者之间的关系。可采用中长跑、越野跑、爬山等方法进行。短距离的训练方式有30米、50米、100米反复冲刺跑,随着学生训练水平的提高,每次跑的间歇时间可逐渐缩短。

(2)发展专项耐力素质

专项耐力是学生在比赛或训练中所要求的时间内坚持高强度工作的能力。学生的无氧耐力水平取决于其氧代谢状况、能源物质储存情况以及运动器官对长时间大强度工作的承受能力。

学生在发展专项耐力的训练中,要特别注意专项代谢特点,科学、合理地安排训练。发展篮球速度耐力训练,一般以发展非乳酸性无氧耐力为主,采用强度95%左右,心律达180次/分的训练方法,重复组数可达5~6组。发展乳酸性无氧耐力时,负荷强度可控制在本人可承受最大强度的85%~95%,心律在160~180次/分之间,负荷时间可控制在1~2分钟之间,间隙时间要逐渐缩短,如第一次与第二次跑之间的休息时间为7~8分钟,第二次与第三次跑之间的休息时间改为5~6分钟。篮球耐力训练中要注意安排长时间专项对抗练习,或加大防守和进攻技术训练的强度,以提高学生在疲劳情况下运用技术、战术的能力。

3.制约耐力素质发展的因素

(1)神经过程的稳定性

神经过程持久的稳定意味着神经机能高度的抗疲劳能力,在运动后期,这种能力将直接影响肢体活动的稳定性。

(2)能量物质的储量

人体内的能量物质,尤其是糖原、游离脂肪酸的储备是决定耐力水平的重要因素。

(3)最大摄氧量水平

最大摄氧量是衡量有氧耐力的客观指标。氧气是人体内能量物质氧化释放能量的重要基础,氧供应情况直接影响物质的放能水平。改善心血管系统功能的关键是提高最大吸氧量。

(4)红肌纤维及比例

红肌纤维是耐力素质的重要物质基础。红肌纤维具有不易疲劳、持续收缩时间长、呼吸氧化能力强的功能。红肌纤维的比例与最大摄氧量水平呈正相关关系。

(5)人体负氧债能力

学生负氧债的能力越高,在氧供应不足的情况下,越能保持较高负荷强度的持续运动能力。

(6)意志品质程度

意志品质程度越高,克服疲劳的毅力越强,机体的抗疲劳性越大。

4.长时间耐力训练的负荷控制

长时间耐力训练的负荷性质主体是有氧负荷,负荷安排应体现有氧供能为主、无氧代谢为辅的特点,并以提高机体糖原储量、糖的有氧分解能力、最大吸氧量、游离脂肪酸含量及供氧化能力为目的。

长时间耐力训练负荷安排的一般原则可分为几点:第一,长时间一级耐力的训练平均负荷应以中等强度为主,心率保持150±5次/分的水平,每次练习的持续时间一般为8~15分钟,间歇时间要充分。第二,长时间二级耐力的训练平均强度为偏中低水平,心率保持在150±5次/分的水平,每次练习的持续时间一般在15~30分钟,间歇时间要充分。第三,发展长时间耐力可采用持续训练法和间歇训练法。

三、柔韧与弹跳素质训练

众所周知,弹跳素质对于学生来说至关重要,弹跳技术决定学生是否能很好地运用扣篮技术,而扣篮技术水平直接影响比赛成绩,因此,要重视柔韧与弹跳素质训练。

(一)篮球柔韧素质训练

1. 篮球柔韧素质基本训练方法

(1)双手手指交叉相握,手心向前做压指、压腕动作;手臂向下、向前、向上充分伸展;身体向左或向右充分伸展。

(2)双臂做不对称大绕环转肩动作,在背后一手从上往下,另一只手从下往上,双手在背后做拉伸练习。

(3)并腿直立,上体前屈,手摸脚或地面;或身体侧转用手摸异侧脚脚跟。

(4)双腿开立,髋关节向前送,手摸脚跟。

(5)双腿前后开立,双脚跟着地做弓箭步向下压腿。

(6)左右弓箭步练习,手放在脚上,连续左右弓箭步练习。

2. 篮球柔韧素质训练注意事项

(1)循序渐进,持之以恒

在开始进行柔韧性练习时会有强烈的痛感,只有长期坚持才能起到应有的效果,因此,学生必须具有坚定的毅力,持之以恒,使身体逐渐适应。

(2)柔韧素质的发展要兼顾相互关联的身体各个部位

在训练时应循序渐进,使柔韧性逐步得到提高。学生的柔韧性是身体各个部位整体的柔韧性,在练习时应该注重各个部位之间的关联性,使整体的柔韧性协调发展。

(3)柔韧素质练习要注意外界环境

外界环境对于人体的柔韧性具有一定影响,当温度较高和较低时,都会影响柔韧性的发展。科学实践表明,当外界温度在18℃时,人体各部位肌肉伸展状况到达最佳,最适合柔韧性的发展。

(4)柔韧练习时要防止受伤

柔韧性训练是对人体的各肌肉和韧带的拉伸和伸展,如果训练的方法不当,可能出现拉伤事故。因此,柔韧性训练要注重训练方法的科学性,既要保证训练的效果,同时还要防止受伤。在进行柔韧性训练之前应该做适量的热身运动,在练习中避免用力过猛。

(二)篮球弹跳素质训练

1. 弹跳素质训练的目的与任务

弹跳素质是学生进行篮球运动的一项重要身体素质。学生良好的弹跳素质,不仅可以提高其争夺空间优势的能力,扩大控制攻守范围,而且能使其更好地掌握高难技术和完成复杂动作。

篮球弹跳素质的训练目的就是在发展一般弹跳素质的基础上,根据篮球特点,改善学生的起跳技术,提高弹跳素质,使其在比赛的各种情况下发挥弹跳的最好效果。

2. 弹跳素质训练的理论基础

弹跳素质是指通过下肢和全身协调用力,使人体迅速弹起腾空的能力。篮球弹跳素质是学生在篮球比赛中争取高度和速度,即争夺空间控制权的能力。弹跳素质是一项综合素质,主要表现为下肢的爆发力,影响弹跳素质的重要因素有力量素质、速度素质和协调性。

在力量练习中采用大重量(80%、90%极限负荷)、动作速度快、少次数的练习方法,可改善肌肉机能并提高股后肌群的力量和伸展性,从而提高下肢力量中的爆发力。

在速度练习中采用快速完成技术动作的重复练习,有利于改善神经中枢兴奋与抑制相互转化的灵活性,提高肌肉收缩速度,也有助于爆发力的增长。

采用模仿比赛实际情况的跳跃练习,有助于改善各种起跳技术,使学生在比赛中发挥出弹跳的最好效果。

3. 弹跳素质训练的教学安排

篮球弹跳素质的训练应符合篮球对弹跳素质的专门要求,科学合理地安排好教学训练的内容,选择有效的手段和方法,达到发展弹跳素质的目的。

弹跳素质训练教学安排应遵循以下几点。

(1)篮球弹跳素质训练的安排应以大强度、少次数、多组数的练习为主,每次之间的间歇时间要适当。

(2)篮球弹跳素质训练中应着重安排发展学生下肢肌群的力量素质练习,并注意提高学生肌肉的伸展性和弹性,以改善肌肉协调用力的次序。

(3)篮球弹跳素质训练中应尽量安排接近比赛实际情况的跳跃练习,以提高各种起跳技术;应多安排在对抗条件下的弹跳素质练习,以提高学生在起跳前或在空中身体的对抗能力和适应条件变化的空中应变能力。

(4)篮球弹跳素质训练的安排中应注重学生的起跳动作与起跳前的运球、接球等动作,以及起跳后的投篮、抢篮板球、封盖和接、传球等动作衔接的训练。

4.弹跳素质训练方法的选择与应用

第一,篮球弹跳素质训练的主要手段如下。

(1)跳台阶、跳凳、跳栏架、立定跳远、多级跳、连续深蹲跳、收腹跳和跳深等练习。

(2)跳绳练习。单、双摇跳,单、双脚双摇跳,规定时间和次数的跳等。

(3)原地或上步连续单脚或双脚起跳摸篮板或篮圈;行进间单脚起跳摸篮圈;移动中按信号突然用单、双脚向侧、前、后跳起做抢断球模仿动作等练习。

(4)一人一球,篮下原地连续起跳托球碰板;多人一组一球,依次在篮下一侧或两侧用单手和双手托球碰板若干次。

(5)跳起在空中抢篮板球转身—传球练习。

第二,发展篮球弹跳素质实施过程中,可多采用负重方法练习或其他辅助器械结合练习,也须安排与实际比赛运用的技术动作一致的练习。

第二节 高校篮球运动心理训练

一、篮球运动中学生的动机

(一)动机的内涵与功能

1.动机的内涵

动机是在自我调节的作用下,个体使自身的内在要求(如本能、需要等)与行为的外在诱因(如目标、奖惩等)相协调,从而形成激发、维持行为的动力因素。动机具有"方向"和"强度"两个维度。"方向"与一个人目标的选择有关,即人为什么要做某件事;"强度"与一个人激活的程度有关,即为了达到某一目标,人正在付出多大努力。动机是个体的内在过程,行为是这种内在过程的结果。所谓运动动机,是指在自我调节的作用下,学生个体使自身的内在要求(如本能、需要等)与行为的外在诱因(如目标、奖惩等)相协调,从而形成激发、维持参与运动行为的动力因素。

动机的性质是多种多样的。不同性质的动机对人具有不同的意义,使人具有强度不同的推动力量。行动的方式、行动的坚持性和行动效果,在很大程度上受动机性质的制约。同样,学生良好的运动动机包括的内容也是多样的。例如,深信自己具有广阔的发展前景,相信通过艰苦的训练能达到较高的运动水平;使自己在获得成绩时能够稳定地定向,保持心理稳定状态;树立集体荣誉感,使自己能与团队所有的队员建立良好的关系,从而使团队成为一个团结的集体等。

2.动机的功能

人的行动总是由某种原因所激发并指向一定的目标或方向。这种激发行动赋予行动以方向性的动力过程,就称为"动机功能"。运动动机对学生参加训练起着激发功能、指向功能、维持和调节功能的作用。

(1)激发功能

人的行为都是由一定的动机引起的,学生不会无缘无故地到篮球场进行训练。当他们从事篮球训练时,表明他们内心中一定产生了想要训练的愿望。当愿望达到一定强烈的程度时,就成为一种心理动力推动学生行动起来,投入篮球训练中,使学生由静止状态转向活动状态。这就是运动动机对学生参与运动训练的激发功能。

(2)指向功能

运动动机不仅能激发学生的运动行为,同时它还能使学生的运动行为具有稳固而特定的内容,将行为指向一定的对象或目标。例如,同样是在进行篮球训练,有的学生侧重对控球能力的培养,有的学生则侧重对投篮命中率的提高。这些差异都是学生运动动机的不同造成的。

(3)维持和调节功能

个体的行为通常要指向预定目标,而预定目标需要经过一系列阶段性目标才能达到。学生在完成系列目标的过程中,运动动机对行为不但起激发、指向的作用,而且也能维持和调节学生活动的强度和持续时间,保证行为有序进行,最终使行为达到预定目标而不发生偏离。

良好的运动动机对学生的运动行为具有积极的推动作用,因此,应当培养和激发学生正确的运动动机,使运动动机的促进作用得到充分的发挥,同时还应认识到运动动机对学生行为的影响是复杂的,不适宜的动机会对学生的运动行为产生不利影响。教师在平时的训练过程中应当对学生运动动机的性质与强度做出准确的判断,当学生出现不良运动动机时,及时地进行调控,以促进学生更好地进行篮球训练。

(二)篮球运动中学生动机的培养策略

1. 合理运用强化手段

强化是指当学生出现可接受的运动动机时,给予奖励或者撤除消极刺激的过程。正确的强化,主要是从外部刺激动机的方法。如果运用得当,强化不仅可以激发学生的外部动机,也有利于学生内部动机的培养;如果运用不当,则可能既破坏内部动机又破坏外部动机。强化作用可分为两种,一种是积极强化,一种是消极强化。

积极强化是指学生出现特定的行为时及时给予奖励。这些奖励既可以是精神奖励(如教师的微笑、表扬等),也可以是物质奖励(如奖杯、证书等)。消极强化是指通过撤除消极的结果来鼓励学生的特定行为。例如,在篮球教学比赛前教师规定负方罚跑 2000 米,但是比赛结束后由于负方队员表现出色,教师决定免去罚跑,这种强化就是消极强化。在教学训练中,教师应合理运用强化手段,以便更好地培养和激发学生的运动动机。

2. 帮助学生树立切合实际的目标

在学生的动机系统中,目标作为诱因,是较稳定而持久的重要因素。目标设置直接关系到动机的方向和强度。正确、有效的目标可以集中学生的能量,激发、引导和组织学生的活动,是行为的重要推动和指导力量。

合理的目标设置可以激励学生产生更好的任务表现。教师应帮助学生树立切合实际的训练目标,让他们的训练具有明确的目的和任务。

目标的树立既包括长期目标的设立,也包括近期目标的设立。长期目标具有一定深度的诱因,它要求学生对未来做更远的考虑。通过长期目标的设立,可以鞭策学生不断激励自己朝这个目标努力。通过近期目标的设立,可以督促学生扎实提高自己的技战术水平,最终实现长期目标。在制定目标时,教师一定要根据学生的现有水平来制定。在设置实现目标时必须考虑学生对目标的完全接受和认同,应设置经过努力可以实现的程度为好。

人的自信心受四种因素影响:过去成功的经验;对别人成功的了解;自我劝导及对自己当前生理状态的解释。其中最重要的就是第一点。成功就是目标的实现,学生所达到的目标越多,所体验到的成功感就越强,自信心也就越强。阿特金森研究表明,目标定的难度在成功确切率的50%以下时,训练成绩最好。

可见,目标定得过分容易,学生的活动动机就会降低;相反,目标定得过高,再努力也难实现,目标失去了诱因的作用,动机也就无从引起与激发。因此,将长期目标转化为现实的、具体的中期目标和短期目标对于学生来说是极其重要的。学生的训练目标越明确,努力的方向就越清晰,进行篮球运动训练的动机也就会越强烈。

3. 向学生提供积极的反馈

学生在篮球训练中能够及时获得反馈信息,了解自己的技术水平、体能和健康状况的提高情况,有利于他们进一步激发参与篮球训练与比赛的动机。因为学生看到了自己的进步,会增加篮球训练与比赛的热情,增强努力的程度;如果看到自己的不足,会激起不甘落后、迎头赶上的上进心。

教师对运动结果的积极反馈,有利于强化学生的运动动机。积极的良性反馈,可以让学生看到自己锻炼的结果和进步,有利于增强自信心,提高锻炼的自觉性,找准努力的方向,使他们努力坚持下去,不断取得进步。而且,及时的反馈能使学生了解自己的弱点与不足,从而主动克服缺点,为争取好成绩而积极努力。

在篮球教学中,反馈的形式多种多样,例如,社会性评价、象征性评价、客观性评价和标准性评价等。在对学生的篮球训练和比赛提供反馈和评价时,教师往往要根据学生的进步或退步情况给予表扬或批评。表扬和批评都是以促进学生的努力和进步为目的。在多鼓励、严要求和适当、适度批评时,要力争做到表扬学生的每一次进步,强化每一个努力;要针对不同年龄、性别和能力的学生进行表扬和批评,例如,对经常受表扬的学生,要适当地指出其不足,对能力较弱的学生,要通过及时表扬他们某一方面的点滴进步给予鼓励;要"对事不对人",尤其是将表扬和批评的重点放在学生是否努力方面,放在行为表现方面,放在成绩是否有所提高方面;要树立学生的评价标准,使他们逐步做到自我表扬和批评;要了解学生对所受的表扬与批评的理解和评价。学生将表扬和批评作为对自己的一种鼓励和帮助,则具有积极的效果;要公开表扬,私下批评,理智、慎重地使用惩罚,如能启发学生自我寻找成功或失败的原因和过程,启动他们的内部动机调控机制进行反思,则能将动机的外部控制转化为学生本身的任务定向的内部控制。

运用反馈原理激发和强化学生的运动动机,要坚持从学生的实际出发,以鼓励性评价为主。即使对学生进行批评也应该用诚恳的、积极的、建议性的语言,告诉学生改进的措施及努力方向,激励学生参与篮球运动的积极性。

二、篮球运动中学生的注意力

(一)注意的定义及功能

1.注意的定义

所谓注意,是指心理活动对一定对象的指向和集中。注意的对象可以是客观存在的具体事物,也可以是自己的行动或思想。当一个人学习运动技能或是参加比赛时,其心理活动或意识总是指向和集中于一个对象上。例如,在学生学习一种新的技能时,眼睛总是一直盯着教师的示范动作,这时,学生的心理活动集中在教师所讲的内容上,在这期间学生无暇顾及其他事情。也就是说,注意是心理活动或意识朝向某一方向活动,选择感觉输入的一部分信息做进一步加工。注意的对象是在变化的。例如,当周围传来了嘈杂的声响时,学生的注意力可能会从教师身上转移到这个出现的新奇刺激上。不过大多数情况下,人们可以有意识地控制这种注意的变化。

指向性和集中性是注意的两个基本特点,它们相互联系不可分割,是同一注意的两个方面。注意的指向性显示了人们的认识活动具有选择性。人们对认识活动的客体进行选择,如学生在听教师讲解动作要点时,其心理活动不是指向训练场里的一切事物,而是将教师的讲解从许多事物中挑选出来,并且将心理活动保持在教师的讲解上。注意的集中性不仅是指把注意集中在教师的讲解上,而且也是对与听课活动无关的活动的抑制,这样才能使教师的讲解更加鲜明和清晰。

2.注意的功能

在竞技运动过程中,不论是哪种体育项目,也不论是教师还是学生都认为,注意力品质是直接影响学生技术水平提高和比赛获胜的重要心理品质之一。这与注意的功能是分不开的。注意作为一种复杂的心理活动,一般来说具有选择功能、维持功能、调节和监督功能。

(1)选择功能

注意的选择性是指人在每一瞬间的心理活动或意识只能优先选取需要加工的对象,而忽略了其余的信息,人在任何特定的时刻都可以得到围绕着自己的无数刺激。对作用于各种感受器官的种种刺激,只有加以注意,才能选出那些有意义的符合人们需要的刺激。例如,在运动技能学习的初期,学生的注意力范围非常狭窄,他们只能注意到局部动作的基本要领,而往往忽略了动作与动作之间的连接。如参加篮球比赛的学生为了在比赛中获胜,就必须对相关信息进行优先选择,而对无关信息加以排除。这些都是注意的选择特性。活动任务的特点、难度和意义决定着注意选择的标准。

(2)维持功能

注意不仅使心理活动指向一定的对象,而且还能使心理过程集中于该对象上。在注意状态下,个体的唤醒程度达到并保持一定水平,这将有助于提高其活动效能。例如,当学生听教师讲解动作时,其注意力集中在听教师说话的声音,并不时做出点头的神情,这时,其血液循环系统和呼吸系统都可能发生变化。身体的这些变化有助于提高个体感官的感受性,并能够动员全身的能量来应对个体面临的任务。从外界获得的感知信息,从记忆中提取的信息只有加以注意才能保持在意识中或进行精细的加工,转换成更长久的形式储存在记忆中;如果不加以注意,这些信息就会很快消失,任何活动都无法完成。

(3)调节和监督功能

在注意状态下,人们常常将自己的行为和一定的目标进行比较,并通过反馈的信息相应地调节、监控自己的行为,使之与目标相一致。一旦活动偏离了预定的方向或目标,人就会立即发现,并且及时地进行调整,以保证活动顺利完成。这就是注意的调节和监督功能,它是注意最重要的功能。由此可见,注意对篮球训练或比赛具有十分重要的意义,它可以保证学生及时地调整自己的心理活动,使心理活动指向并集中于对训练或比赛有益的刺激上,从而使自身更好地适应环境,提高训练或比赛的成绩。

(二)注意规律在篮球运动训练中的应用

1.运用注意规律组织篮球训练

在篮球训练过程中,气候和环境复杂多变,许多外在和内在的无关刺激不断干扰着学生的正常训练,很容易导致学生注意力的分散。只有注意力集中,学生才能全神贯注于教师的讲解和示范,领悟才能迅速,印象才会深刻。如果教师在教学过程中能有效地运用注意规律组织教学,教学活动就能更好地进行下去,训练效果也会得到进一步改善。

(1)运用无意注意规律组织教学

①有效预防刺激因素的干扰。教师在组织篮球教学时,在教学环境

方面应尽量避免各种与教学无关的刺激影响,保持一个安静的教学环境。外界的无关刺激物随时可能出现,刺激物之间的任何显著差异都容易引起学生的注意。在课前,教师应精心布置场地与器材;讲解动作时,语言要生动形象、富有激情;学生一旦出现注意力分散的现象,要及时对其进行提醒,引导学生集中注意力。

②制定符合学生实际的教学内容。教师在制定教学内容时,应充分考虑学生已有的知识经验。凡能满足学生的需要、激发学生的情感、符合学生年龄特征和个性倾向的事物都能吸引学生的无意注意。教材内容的安排要循序渐进、力求新颖,并具有一定的思想性、科学性和娱乐性。必要时可以通过一些篮球游戏的形式使学生产生兴趣,引起注意。

③合理安排运动负荷,防止过度疲劳。在篮球训练中,身体练习对学生的生理和心理产生的刺激或压力的总和就是运动负荷。教师应根据学生的年龄和心理活动变化规律,把握每节课的运动负荷。

(2)运用有意注意规律组织教学

①使学生明确训练的目的和任务。有意注意是一种自觉控制的注意,它服从于一定的目的和任务。学生对训练的目的和任务越明确、越深刻,有意注意的能力就越强。在教学过程中,教师应提出具体的目的、要求、内容及具体方法,让学生切实地感受到集中注意对完成训练的重要性,并懂得如何正确集中自己的注意力,以此提高篮球训练的效果。

②培养学生的间接兴趣。注意与兴趣密切相关。间接兴趣是指对活动结果和意义的兴趣,它可以引起和维持学生的有意注意。例如,学生在进行身体素质练习时,素质练习本身是枯燥和艰辛的,难以引起学生的直接兴趣。但学生对素质练习的结果是感兴趣的,因为学生的身体素质会得到提高。这就促使学生始终保持着有意注意的较高水平,训练中就会更加积极和主动。因此,教师应注重培养学生的间接兴趣,以便引起和维持学生的有意注意。

③加强组织纪律和课堂常规教育。在篮球训练过程中,学生自觉遵守组织纪律是集中注意的重要条件。学生的纪律性越强,有意注意持续

的时间也就越长。学生的组织纪律性是在长期的学习与训练中培养起来的。教师在平时的教学训练中,应重视对学生进行组织纪律性的教育,使学生在训练中严格按照要求去做,养成良好的训练习惯。

④培养学生良好的意志品质。在篮球训练中,学生的有意注意常常会由于无关刺激的干扰,或者注意对象的枯燥而分散。此时学生就必须通过坚强的意志努力排除内外的干扰,将注意力集中在与篮球训练有关的因素上。因此,在平时的篮球教学过程中,教师要注重对学生进行意志品质的教育,使学生以坚强的意志与困难和干扰做斗争,以保持训练时的有意注意。

(3)运用无意注意与有意注意转换的规律组织教学

学生在篮球训练中,既需要无意注意的参与,也需要有意注意的参与,二者不断地交替参与是注意的正常状态,这就要求教师善于利用无意注意与有意注意的转换规律组织教学。

在教学过程中,教师应使学生对学习目的有明确的认识,逐渐引导他们对学习内容本身发生浓厚的兴趣,并在必要时引导他们强化注意。在教学组织上,要力求生动、紧凑,合理而有节奏,教学方法要灵活多样,使每位学生都能投入紧张而有序的练习中,减少分散注意的机会。根据注意的变化规律,篮球训练时注意曲线有逐步上升、相对稳定和逐步下降三个阶段。因此,在训练课开始时,教师应通过集中注意练习,引起学生的有意注意;然后让学生对准备活动的内容产生兴趣,产生无意注意;当学生在训练中遇到困难而丧失信心时,教师应通过鼓励的方式使学生由无意注意转入有意注意;在篮球训练的结束部分,教师要适当调整学生的运动负荷,使用一些放松的手段使学生由有意注意转入无意注意,以调节机体、消除疲劳。

总之,在篮球教学过程中,教师要善于利用无意注意规律、有意注意规律、有意注意和无意注意相互转换的规律集中和保持学生的注意力,这不仅对指导学生的学习与训练起到非常重要的作用,而且还能更好地提高学生篮球训练的效果,完成篮球教学任务。

在篮球训练中,注意伴随着一切心理活动的始终,是组织和发展学生智力水平的重要因素。注意的不同类型以及注意的不同品质,在篮球训练与比赛中会发挥不同的作用。通过分析造成学生注意力分散的原因,利用注意的规律来进行篮球训练,必将促进篮球运动训练水平的提高。

2.进行专门的集中注意力的心理技能训练

注意在学生学习和掌握篮球运动技能的过程中起着十分重要的作用。根据学生的个体差异对他们进行专门的集中注意力的心理技能训练,可以有效地提高学生的注意能力,从而达到完善运动技能、提高运动成绩的目的。

(1)排除内外消极干扰的训练

有些学生在比赛期间,很容易受到外来事件的干扰,从而影响临场发挥。一种有效的方法就是将这些事件或想法利用自我暗示的形式,将它暂时搁在一旁,以便集中注意力去比赛,待比赛结束时再来处理它。在训练时,可以要求学生先将这些事件或消极想法记录在纸上,然后将记录放下,待训练结束后,再回去把记录取出并加以处理,这种方式熟练后,便可应用在实际比赛中。

(2)自我谈话

积极的自我谈话是帮助学生保持注意集中、营造积极心态的训练方法。积极的自我谈话特点包括鼓励自己,全力以赴,关注每一个子任务和目标,保持积极的氛围。

积极的自我谈话包括:第一,用积极自我谈话取代脑海里出现的任何消极谈话。在内心集中注意,同时对唤醒水平做出一些调整。第二,在小范围内从外部把注意集中于和任务有关的线索上。第三,一旦有了注意控制的感觉,就立即完成运动技术。

(3)模拟比赛情境并设置比赛行动方案

模拟比赛情境是一种运用图像和言语模拟帮助学生适应新环境,集中注意力,减少分心因素干扰作用的方法。在比赛时,来自观众、裁判员、工作人员以及对手等外界分心物与学生的自我担忧、不安等内部分心物一起影响着他们的运动表现。在训练中模拟比赛中的各种情境可以让学生从身体和心理上形成习惯。设置比赛行动方案是帮助学生做好比赛准备，将注意力放在比赛全程的每一个环节上的一种方法。这种方法的重点是要求学生聚焦当下，并强调过程目标。在设置比赛行动方案时要充分利用过去常用的例行动作，因为例行动作可以增加学生在表现前或表现中不被内在或外在分心物影响的可能性。

三、学生投篮的心理训练

(一)投篮的表象训练

1.表象训练在投篮中的动作运用分析

(1)通过建立和回忆动作表象活动促进技能的形成

由瞄准点、手指手腕及全身协调用力、出手角度及速度、球的旋转及飞行抛物线和入篮角度等组成的投篮技术动作，其动作技术环节十分抽象，尤其对学生而言很难在短时间提高投篮命中率，如教师仅采用常规的教学方法，只能使肌肉活动占优势，大脑活动却受限制，尽管不断重复同一动作，但动作过程中肌肉的感觉并不十分清晰，动作表象也不完整，要领不清楚，因而很难有好的教学效果。而采用表象训练时，可以在动作技能练习过程中通过主动、有意识地建立和回忆动作表象活动促进学生运动技能的形成，同时根据练习的具体情况进行讲解示范，帮助学生在头脑中建立清晰的动作表象时，不能过多地注意动作细节，示范也不宜太快，以便将视动觉的中心指向动作要点上。这样就可以调动学生学习的主动积极性，启发学生的思维，培养学生的创新精神，巩固和完善技术动作，加快正确动力定型的建立，进一步提高学生投篮动作技术的准确性和各肌肉群用力的协调性，增加投篮命中率。

(2)使正确的技术动作得到强化

投篮动作分为六个阶段：脚、程序、手、腕肘、膝和投篮。每阶段都有具体要求和正确姿势，要想尽快使学生掌握动作技术，应先在大脑皮质中建立正确、清晰的动作表象，然后将大脑皮质贮存的动作表象信息转变为神经冲动,再传至效应器,做出正确的投篮动作。采用表象训练法,通过对投篮技术动作在大脑中的反复回忆,可以使正确的技术动作得到强化。当错误动作出现时根据学生的练习情况采用整体示范与分解示范相结合,甚至放慢示范速度和放映幻灯片、讲练结合等多种表象训练手段,使学生体验肌肉的用力感觉,有效调控参与投篮和支配各肌肉间的缩舒活动,建立正确的视动觉表象,有利于加速形成正确的动作技术。

(3)使学生有更多的练习机会

表象训练法使学生有了更多的练习机会,特别是能静下心来在大脑中回想投篮动作过程,同时对投篮某个技术环节进行练习,纠错的随意性和可控性大大提高。例如,压腕拨球练习是提高投篮命中率的关键因素,学生观看正确的动作技术要领通过表象训练后,手指、手腕部位的小肌肉群力量得到了发展,手指、手腕部位的协调用力控制能力更加精确,同时也带动与其相关的大肌肉群正确用力的协调性,这对于投篮的瞄准也具有很好的辅助性效果。通过压腕拨指力量的大小来控制篮球的飞行高度,练习投篮手形,提高手指、手腕肌肉的本体感觉和提高投篮时篮球出手的角度与弧度,使球在空中飞行呈向后旋转和形成适合进篮的最佳抛物线,从而使投篮的命中率提高。

(4)有利于形成正确的投篮动力定型

在表象训练过程中,教师发现学生做出较理想的投篮技术动作时,应立刻让学生进行小结,建议学生默念整个动作要领和想象各个动作技术要点及完成动作时的情绪体验,使整个动作过程在学生头脑中形成更加清晰的印象,这极有利于学生形成正确的投篮动力定型。

2.表象训练在投篮教学中的应用

(1)建立正确的投篮动作表象

课程进行时由教师对投篮动作进行讲解、示范,并以挂图、录像等多媒体手段,帮助学生建立正确的投篮技术动作表象,在对该技术动作进行模拟和练习的基础上,要求学生用自己的语言对所理解的投篮动作加以描述。

(2)建立"表象—动作"的映射关系

练习中要求学生在大脑中有意识地再现正确的投篮动作图像,并与自己的这一技术动作建立主动的联系和对照,找出自身的差异和不足之处,使自己的动作逐步向"表象"逼近,产生正确的动作定型效应。

(3)建立"表象—动作—思维"的训练程序

针对投篮技术受心理因素影响较明显的特点,表象训练法要求学生在训练中从实战的角度建立一套适应自己身体特点的训练程序,融表象、动作和思维于一体。其要点是对动作的全过程进行"过电影"式的连贯想象,力求完整、细致、准确;注意体验投篮时与这一动作相伴随的内心图像以及相关的生理反应;运用思维的能动性协调心理活动与投篮技术动作之间的关系,调动尽可能多的心理和技术能量以提高投篮成绩,即投篮命中率。

(二)罚篮的心理训练

罚球是投篮技术的一部分,在完全没人防守的情况下直接投篮得分,其命中率高于攻守对抗中的跳投。但由于比赛的性质、对手和观众的不同,学生承受着外界的压力,使他们出现各种心理反应,特别在双方球队实力均等的情况下,由罚球决定比赛结果的时候,学生所要承受的压力就可想而知了,所以罚球时如果不进行有效的自我调节就会导致命中率的下降。

1.罚篮的心理问题

比赛中能否发挥高超水平,达到最佳的竞技状态,获得最好的竞技成绩,将取决于学生的身体素质、运动技术、心理素质三大要素,其中身体素质是保证动作质量的物理基础,运动技术水平是基本条件,而心理素质是使二者能充分发挥作用的内部动力。

2.罚篮的心理训练方法

(1)模拟训练法

模拟训练法是指模拟和有意设置某些在正式比赛中可能出现的情境和条件而进行训练的方法。在平常的罚球训练中,同伴可以在一旁起哄、呐喊或做一些动作来模拟比赛场景,或是在教学比赛结束前比分接近的情况下有针对性地进行罚球练习,以培养学生罚球时抵御各种外界刺激和干扰的能力。另外,在疲劳状态下进行罚球练习。在较为剧烈活动后或完成一次大强度的练习后罚球,提高学生克服疲劳进行罚球的能力。例如,连续两组全场折返跑后马上进行罚球练习。

(2)注意力训练法

注意力是人心理活动对一定事物的指向和集中,集中注意力是队员排除外界干扰专心致志进行罚球的前提条件。而注意力集中的反面则是注意力分散,即通常所说的"分心"。训练方法:第一,培养学生良好的参赛动机。在比赛时,要引导学生以正常的心态去参赛,对比赛结果的胜负不要过分担心,对生活和训练中的烦琐之事暂且搁置脑后,应将全部的注意力集中在比赛过程之中。第二,看表法。集中注意力看手表秒针的走动,先练习1分钟,再逐渐增加时间到2分钟、3分钟。如果能持续到5分钟以上而不转移注意力,则是很好的表现,这样持续下去反复练习,集中注意力的能力就会有很大的提高。第三,视物法。将注意力集中在一个目标上,然后闭眼回忆这个目标的形象,反复多次,直到该目标在头脑里清晰地再现为止。

(3)自信心训练法

第一,自我暗示。自我暗示训练是一种积极主动的心理训练方法,能够引导学生形成一种良好的竞赛心理状态,能够积极有效地增强自信心,消除紧张情绪、放松身体。第二,施加压力的情况下进行罚球练习。分成若干队,每队派一个代表罚球两次,全中则不受罚;如一次不中,则全组罚跑28米往返一趟;如两次都不中则全组罚跑两趟。一组赛完,重选代表再进行练习。

(4)呼吸调整法

在罚球时的呼吸调整步骤:放松自己的心境,保持肌肉的柔和性;调整自己急躁情绪,保持稳定心理;拿到球后进行缓慢而平稳的呼吸,保持心态;在球投出去之前,深呼吸一两次,投篮时保持动作的流畅性。

(5)意念训练法

意念训练法是指学生在比赛中有意识地、主动地利用大脑中已形成的运动表象或充分利用想象进行训练的方法。人的想象可以使一定的图形在人脑中闪过并会形成一定的记忆,或是形成一种回想性复习。平时训练中可以让学生在安静的时候多回想自己罚球的技术动作,并对自己的动作进行一番全面回想与再认知,或是对错误的、不完美的动作进行改进。这样能达到巩固和改进罚球技术的目的,对稳定情绪和集中注意力也起到良好的作用。

意念训练时的要求:第一,在进行冥想过程中,要使学生的注意力高度集中,可在安静舒适的地方坐下或躺着,让学生闭目练习。第二,要有意识地发展学生的思维能力,并将投篮动作各个环节的发力感觉和顺序与之结合起来。

(6)比赛模拟训练

比赛模拟训练是以接近实战条件对学生进行旨在提高临场应激能力的心理训练方法。这种方法可以强化意识,提高作战能力,增强自信心,其目的是使学生在今后的实战中能够适应环境,提高对外界不良刺激的抗干扰能力,有利于将注意力集中在实战过程中。

第六章　高校篮球运动技术训练

第一节　移动技术及运球技术

一、移动技术

移动是学生在篮球场上跑、跳、停（急停）、转（身）、变（向）、滑（步）等各种身体动作通过脚步移动形式所体现的一项技术动作，它是篮球技术的基础。在比赛中，各种攻防技术的应用往往都与移动技术相关。因此，在篮球课的教学计划与教学安排中，移动技术通常都是作为首先学习的内容，它也是高校篮球基础训练的重要内容之一。

（一）移动技术的训练要点

在比赛中，学生运用各种移动的目的是争取比赛中的主动，有效地完成进攻和防守的任务。因此，教师在训练中应着重抓好以下几点。

（1）移动技术训练是以脚步动作的练习为主要形式，内容相对比较枯燥，体力消耗较大。教师在训练中要教育学生正确认识移动技术的重要性，尽可能地采用多样化的练习方法或竞赛性的练习，以提高练习的积极性和训练效果。

（2）抓好移动技术动作训练的同时，应重视腰髋力量、腿部力量和身体灵活性的训练；抓住脚的用力与蹬地方法、控制与转移身体重心的问题，强调踝、膝、髋关节动作的协调用力与上肢动作相配合，做到突然、快速、多变；要求合理地控制与转移重心，随时保持身体的平衡。

（3）在脚步动作训练的初级阶段，可降低移动速度，在慢速中反复体会动作，以掌握正确的动作，建立正确的概念和动力定型；逐渐加快移动速度和加大练习难度,逐步提高练习要求。

(4)移动技术的训练应与身体训练紧密结合。应特别重视发展学生的专项运动素质,注重学生下肢力量、身体的协调性与灵敏性的训练,不断提高完成动作的速率。

(5)在训练中,应重视和加强移动与其他技术的结合训练。在掌握其他技术的同时,进一步提高学生控制和转移身体重心的能力,促进移动技术的熟练掌握和提高,以适应现代篮球运动的对抗需要。

(6)移动经常在不同条件下与多个动作结合运用,如"起动—快跑—急停—转身""快跑—变向—空切—起跳"等。移动的教学,应在掌握单个动作方法的基础上,重视技术的组合练习,加强组合动作的强化训练,然后进一步组织与篮球技术的结合训练,提高综合运用能力。

(7)练习中要重视各种步法和假动作的训练,强调利用移动速度和动作快慢节奏的变换来超越或控制对手,要求做到方向的改变与速度的变化要统一,即变向后必须加速。

(8)移动技术的运用,无论采用哪种方法和变化形式,都有赖于对场上情况的观察和判断。因此,应重视视觉的训练,可采用多种手段和方法,要求学生养成抬头观察的习惯,提高观察判断能力和反应,做到机动灵活地运用脚步动作。

(二)移动技术的训练方法

移动技术的训练可分为移动的基本动作练习、移动技术的强化训练、结合攻守战术意识的移动技术练习三个部分。

移动技术教学的基本动作练习,主要任务是通过这一阶段的系统练习,使学生了解不同技术动作的要点,初步掌握各个移动技术的动作方法与动作规格,逐步提高脚步动作的灵活性。

1. 移动教学的辅助练习

在移动技术教学中,适时、正确地运用各种辅助性练习,有利于学生更好地体会篮球场上腰髋、膝踝、脚掌不同部位的用力方法,发展学生身体动作的协调性,培养其良好的专项动作意识,以便为学生学习与掌握各种移动技术打好基础。

(1)原地蹬、跨练习

动作方法:全队站位成体操队形。练习时,学生在原地从基本姿势开始,根据教师的指令,做向前、向左、向右不同方向的蹬地、跨步、向后撤步的动作练习。

提示:开始时,动作速度可由慢到快。体会蹬、跨时身体重心的变化以及蹬地动作的方法与足部肌肉的用力。强调学生要根据移动的方向确定哪个是蹬地脚以及脚的蹬地部位和重心转移与蹬地的配合。

要求:随时保持基本站立姿势,身体上、下肢积极配合,控制好身体平衡。

(2)行进间脚步动作的模仿练习

动作方法:全队成纵队沿球场边线行进,依次做以下练习。

第一,学生沿着球场边线行进,用前脚掌着地做快速走的练习。

第二,学生沿着球场边线行进,用脚内侧着地做向左、右跨步行走的练习。

第三,学生沿着球场边线行进,走动中模仿变向跑的动作练习。

提示:开始时,速度不要太快,要求学生着重体会前脚掌不同部位的蹬(地)跨(步)时的肌肉用力感觉;双膝微屈,适度降低身体重心,做到动作协调、连贯,逐渐加快行进速度。

(3)原地碎步移动练习

动作方法:学生站位成体操队形。练习时,根据教师的指令,学生做原地碎步移动练习。练习数次后,学生可视教师的手势,做侧跨同时单手触地,还原后再继续碎步移动,如此反复进行;也可根据教师的指令,各组学生由原地碎步移动变为向不同方向的起动快跑。

提示:要求学生脚后跟离地,前脚掌用力;上体自然放松,双臂在体侧自然摆动,身体重心落在双脚之间,并保持一个较低的状态,双脚交替的速度要尽可能快或随教师的信号变换频率。

(4)一对一的"影子"追仿练习

动作方法:两人一组,面对面分别于球场线两侧准备,开始时,线内学

第六章 高校篮球运动技术训练

生沿线移动做快跑、急停、折返、转身、跳跃等动作,线外的学生视同伴的动作迅速做出相同的动作反应,像同伴的"影子"快速移动模仿。此练习可规定30秒或1分钟一组,相互交换练习。

提示:要始终与同伴的动作保持一致;降低身体重心;动作变换时,反应要快,强调快速跟进,动作协调、灵活。

(5)限制区、中圈沿线追逐跑练习

动作方法:两人一组,如图6-1所示,开始时,○听到信号后起动,沿限制区或中圈圈内各线快跑,●在后面追逐,在规定时间内追上对方则为胜。两人交换练习。

提示:强调沿线追跑,否则违例。要求学生反应要快,跑动快速。此练习也可以追跑拍球,学生视教师的信号急停,待教师再次发出信号,两人交换追跑。

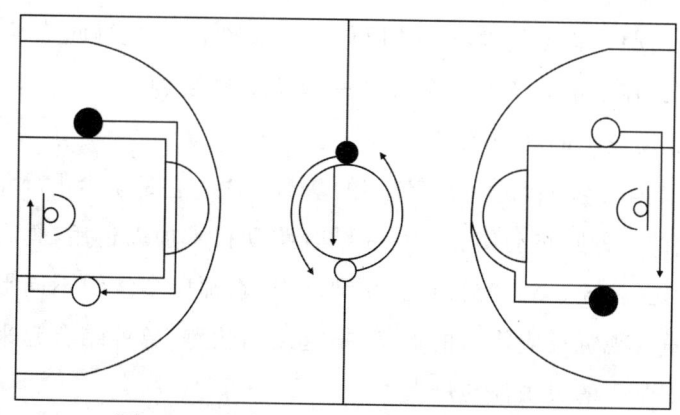

图6-1 限制区、中圈沿线追逐跑练习

(6)移动"抢占位置"练习

动作方法:全队分布在整个球场内,相互间隔4~5米。练习前,选出2~3人做抢占者,其余都在各自的脚下画一直径约1米的圆圈。开始时,学生看到教师发出信号后,圈内的学生必须跑出来重新抢占另一个圆圈。此时,原来选出的抢占者也可抢占任一空位,未抢占到位置的学生可罚做原地收腹跳或俯卧撑,接着继续进行。

提示:练习时为了增加难度,也可改为看到信号后必须连续抢占两或三次位置(不准抢占原位位置),也可采用运球方式进行。

要求:学生必须看信号后才能起动,反应要快,起动迅速,急停要稳。

(7)全场两人面对面牵手侧身快跑练习

动作方法:两人一组,开始时,两人位于端线外,双手互相牵住,面对面转头注视跑进方向,视教师的信号直线快跑直至对面端线,各组依次进行。

提示:自然快跑,转头注视前方,适当降低身体重心,脚尖朝向跑进方向。

(8)全场弧线绕圈快跑练习

动作方法:全队依次按既定路线做弧线绕圈快跑,直至对面篮下。

提示:训练学生快跑中身体重心的变换与平衡能力。

要求:绕圈时步幅要小,步频要快,身体向内倾斜。

2. 移动的动作练习

移动的动作练习是学习与掌握移动技术的基础;通过此练习,学生能系统地掌握移动不同技术动作的方法,明确动作要领。

(1)起动技术的动作练习

起动是学生实现场上快速位移的基本方法。它是学生由静止状态向动态变化的一种脚步动作。它往往结合跑动技术加以运用,具有方向和时间不确定、快速、突然的特点。在训练中,教师应多组织不同形式的起动练习,重视视觉反应能力的训练,把起动与快跑、急停结合起来进行练习,以发展学生的灵敏性与爆发力。

起动时要求做到:反应要快,蹬地有力,上体前倾,重心前移,积极摆臂,加速跑动,前2~3步短而急。

①原地起动练习

动作方法:四人一组,在球场端线处站立。开始时,学生听或看到教师的信号迅速起动向前快跑,跑出三分线外减速,返回排尾,各组依次练习。

提示:起动前保持基本站立姿势,眼视前方;起动时,重心迅速前移,用力蹬地,前2~3步做到短(促)而快(速)。

②不同情况和状态下的起动练习

动作方法:四人一组,开始时,学生蹲着或坐地,原地侧向(背向)站立或原地向上跳起后,听或看教师发出的信号,迅速向指定方向起动快跑,各组依次进行。

提示:强调反应要快,动作变换时,用力蹬地,前移重心,快速起动。

(2)跑动技术的动作练习

篮球场上跑动的技术方法较多,它是移动技术的主要内容,也是教学训练的重点。跑动的技术动作主要有变向跑、变速跑、侧身跑和后退跑。跑动中不仅要快速、灵活、突然、多变,而且要注意观察,突出速度的变化,做到方向的改变与速度的变化相统一。

教师在强调跑动速度的同时,应加强跑动节奏的训练,要求学生在跑动中抬头观察,掌握好脚的蹬、碾、伸及腰髋的转动和身体动作的协调配合。

①移动中看信号变向跑练习

动作方法:教师、学生站位如图 6-2 所示,开始时,先由④学生向前快跑,跑动中看教师的手势向指定方向做变向跑,然后回到原排尾,如此依次进行。练习一定时间后,可增加练习难度,要求学生向教师手势的相反方向做变向跑,即教师将右手侧平举,学生则向左做变向跑,反之亦然。

提示:跑动时要抬头观察前方;变向时反应要快,动作快速、突然。如向左变向,则右脚前脚掌内侧用力蹬地,同时左脚向左前方快速迈步,腰髋带动上体向左积极转动,上、下配合一致,变向后要有明显的加速动作,向右变方向时,动作相反。

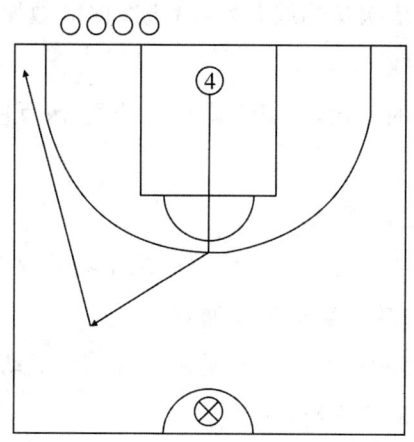

图 6-2 移动中看信号变向跑练习

②变方向跑练习

动作方法:学生跑动中在障碍物前做变向跑,直至对面篮下。

提示:开始时可在慢跑或中等速度中进行,强调变向后加速;待学生基本掌握后,再要求学生在快速中完成动作。

要求:变向要突然,蹬地、转体、移重心、跨步、上体前倾加速跑动要连贯。

③半场弧线向内侧身跑练习

动作方法:练习时,学生依次沿三分线外从右边跑到左边,跑动同时侧身注视篮下的教师,然后再从左边沿着三分线外跑到右边,做向内侧身跑的练习,之后反复进行。

提示:跑动时,上体向球篮方向侧身,脚尖沿着三分线快跑,目光注视篮下。

④全场侧身跑练习

动作方法:学生依次沿边线向对面篮下侧身快跑,跑动时向内侧身转头,注视侧后方篮下的教师,直至到对面端线,然后排至另一侧队尾,两侧同时进行。

提示:跑动时上体侧身,脚尖向前,逐步加速,头肩向内转动,观察场上情况。

⑤全场变速跑练习

动作方法:学生依次从端线开始,沿边线向前做加速—减速—加速的变速跑,直至对面端线。

提示:强调步幅的变化,注意上体动作的配合;反应要快,速度变化要明显。

⑥全场分段变速跑练习

动作方法:全队 4~6 人一组,练习时把全场分成四个区域,要求学生在规定的区域内做加速—减速的变速跑。

提示:动作变换要及时,变速要明显,身体上、下动作要协调。

⑦全场"8"字绕圈侧身跑练习

动作方法:学生按既定的跑动路线,沿场内三个圆圈做"8"字侧身快

第六章　高校篮球运动技术训练

跑,直至对面篮下,依次往返进行。

提示:掌握跑动节奏,接近圆圈时向外侧身加速,同时做出接球的动作。

(3)急停技术的动作练习

急停是学生在跑动中突然制动速度的一种动作方法,它也是各种脚步动作衔接和变化的过渡动作;比赛中多与其他技术结合运用,在教学训练中应给予重视。

急停的动作有跨步急停和跳步急停两种。跨步急停常用于快速跑动,要求跨步时重心下降,上步抵地,脚用力,上体内转,腰髋用力保持平衡。跳步急停常用于中速移动,要求轻跳双(脚)落,双脚开立,重心下降。

①急停动作的模仿练习

动作方法:学生成基本站立姿势,听或看到教师发出的信号,立即向前跨步做两步急停或上步做跳停的模仿动作练习;连续做数次后,回到排尾,下一组继续练习。

提示:明确动作要领,着重体会急停时脚着地的顺序和屈膝及身体重心的变化。练习数次后,可要求学生原地小步跑,听或看信号后做跨步急停和跳步急停的练习。

②半场弧线跑动中的急停练习

动作方法:学生从一侧端线开始,依次沿三分线侧身跑动,视篮下教师的信号,做出跨步急停或跳步急停的动作,直到另一侧端线,左、右两侧交替练习。

提示:要求学生跑动中侧身注视篮下,急停动作要快;停步同时做出接球的模仿动作,身体迅速转向球篮方向。

③行进间急停动作练习

动作方法:开始时,学生走动或慢跑3～5步接着做跨步急停或跳步急停。练习数次后,逐步加快跑动速度,要求学生在快跑中做跨步急停。

提示:两步急停时首先强调脚的着地方法与动作节奏,跳停时做到轻跳双(脚)落;重心下降,腰腹用力,控制好身体重心的位置,做到停得稳、起得快。

(4)转身技术的练习

转身是在比赛中学生为完成下一个动作而改变身体方位时所运用的一种方法。它既可在原地进行,也常用于行进间。转身可分为前转身和后转身,转身时,要求重心下降,蹬跨有力,碾(地)、转(体)结合,腰髋用力,重心不要上下起伏。

①原地转身动作练习

动作方法:学生在球场内成体操队形,两列横排,面向教师。练习时,学生根据教师的信号分别以左、右脚为轴,做原地前(后)转身练习,如此反复进行。

提示:身体重心不要上下起伏,保持屈膝降重心,转身时,蹬(地)、碾(地)配合一致,腰髋带动上体积极用力转动。

②不同条件下的转身动作练习

动作方法:学生按下列方法,在不同条件下练习各种转身技术动作。学生原地持球,分别以左、右脚为轴,做前、后转身练习;学生跑动中急停,然后做前、后转身,再起动快跑;学生原地抛球,跳起接球落地后做前、后转身。

提示:练习安排时,注意循序渐进,做到先原地,再移动;先无球,再有球。

(5)跳动技术的练习

跳动是学生在球场上争取高度和远度的一种方法。它具有方向、时机不确定的特点,要求跳得快、跳得高,滞空时间长。双脚跳时,双膝弯曲降重心,用力蹬地,向上摆臂,充分伸展,落地屈膝,保持身体平衡。单脚跳时,踏跳脚用力蹬地,起跳腿上摆,身体充分向前上方伸展,控制身体平衡。

①原地向不同方向的跳动练习

动作方法:学生根据教师的信号或规定做以下各种跳动的动作练习:原地双脚起跳,向上跳;侧跨一步双脚起跳,向上跳;前跨一步双脚起跳,向上跳;助跑2~3步单脚起跳,向前上方或向上跳;后撤一步双脚起跳,向上跳;原地双脚起跳,连续向上跳;后转身(或前转身)侧跨一步双脚起跳,向上跳;向左或右侧跨步双脚起跳,向侧前方跳。

提示:起跳前屈膝降重心,起跳时前脚掌用力蹬地,同时向上提腰、伸臂,动作要快速协调。做到起跳快、跳得高。落地屈膝缓冲,保持身体平衡。

②单脚连续向左右侧的跨跳练习

动作方法:在场地上画出两条直线,学生从端线出发,在右侧边线外用右脚向左侧前方奋力起跳,同时双臂向左侧上方伸出。左脚落于左侧直线后,立即用左脚向右侧前方起跳,同时双臂向右侧上方伸出。如此连续进行至对面端线。

提示:也可要求学生右脚蹬地向右侧跳出,落地后,左脚蹬地向左侧跳出,以锻炼学生连续向不同方向跳起的能力,增强学生的协调性。

③双脚连续侧向起跳练习

动作方法:学生沿球场两侧依次在跑动中做双脚斜向右侧起跳,双臂向右侧上方伸出,双脚同时落地后,向前助跑2～3步,立即用同样的方法向左侧斜上方起跳。如此连续进行至对面端线。

提示:强调落地屈膝、快蹬地、摆臂、伸膝、腰用力,加强动作的连续性与协调性。

(6)防守步法的练习

防守步法是个人防守技术的基础,也是移动技术之一。主要内容有滑步、后撤步、攻击步、渐进步、跨步、碎步、绕前步等。其中,滑步是最基本的一种防守步法,它易于保持身体平衡,可向任何方向移动。利用滑步可向侧、向前和向后移动,常用来阻截对方的行动;滑步也是学生学习和掌握其他防守步法的基础,在教学训练中应特别给予重视。

①后撤步与滑步动作练习

动作方法:学生在场内两列横排成体操队形,面向教师听讲和看教师的手势做向左、向右、向前、向后滑步;向前滑步变后撤步接侧滑步;向前或向后滑步,接攻击步变后撤步接侧滑步。

提示:强调降重心、保(持)平稳,后撤时前(脚)蹬后(脚)跟,动作连贯协调,有速度。

②全场"Z"字形侧滑步练习

动作方法：学生依次按规定路线做"Z"字形侧滑步接后撤步练习，直至对面端线。

提示：要求动作规范，做到屈膝降重心，滑动时摆动脚迈步积极，蹬地脚用力跟进，双脚一致，上下协调，始终保持身体平衡。

二、运球技术

(一)运球技术的训练要点

1.形成正确的运球技术动力定型

(1)建立正确的运球技术动作表象和完整的动作概念

教师运用直观法，利用示范动作、图片、电影、录像、网络等演示运球技术动作，使学生了解运球技术动作的形象结构；向学生讲解运球的目的和作用，使学生了解清楚各种运球技术的运用时机、动作方法、动作要点及其关键环节，指导其进行正确的运球技术学习。

(2)掌握运球技术动作，形成正确的运球技术动力定型

在初学阶段，遵循由易到难、由简单到复杂的原则。先让学生掌握正确的运球手法和基本姿势，然后再教学生不同的运球技术，如运球手法和身体协调及掌握重心变化，最后让学生反复练习各种运球技术（可采用交叉或轮换的方法练习）。运球的教学顺序是：原地运球—行进间直线高、低运球—运球急停急起—体前变向运球—背后运球—转身运球。

2.学会组合技术的初步运用

(1)掌握运球技术动作和其他技术动作的衔接

学生在掌握各种运球技术后，可以和持球突破、投篮等技术动作衔接起来，或与各种运球技术动作衔接进行组合技术的练习。

(2)提高完成组合技术的质量

在能衔接连贯组合技术动作的基础上，进一步掌握组合技术的节奏、速度和动作的准确性。如背后运球和转身运球的组合技术练习，转换动作时要有一定的时间停留。

(3)提高应变能力

按照比赛实际需要,把运球和突破、投篮等动作结合起来练习,提高运球的应变能力和战术意识。

3.在攻守对抗条件下提高运球技术

(1)在消极对抗的情况下,提高运球选择的运用时机和运用能力。

(2)在积极对抗的情况下,提高在对手堵截、抢断、干扰情况下的运球能力。

(二)运球技术的训练方法

1.熟悉球性练习

(1)原地拍起静止不动的球

将球放在地上使之静止不动,然后用腕、指不断地拍球,利用球的反弹将球拍起,随后再把球拍至地上静止,再重新把球拍起。

(2)固定手臂运球

准备姿势同上,把运球手的肘关节放在膝上固定不动,利用腕、指力量低运球。

(3)直臂对墙运球

一手托球于头前上方,利用腕、指力量对墙进行运球。速度由慢到快,双手交替练习,最后双手同时对墙练习。

(4)坐位运球

坐在地上,双脚向斜前方分开,沿腿的内外侧进行运球练习。

(5)单臂支撑旋转运球

单臂支撑成侧卧撑,以支撑手为轴,另一手运球旋转移动,然后换手支撑,反复练习。

(6)双手运球练习

双手同时体侧运球或不同时依次交替运球练习。

2.原地运球

(1)原地高、低运球

双腿开立,约与肩宽,左右手交替进行原地体前左右手变向运球。右手运球按拍球的右上方使球弹向左侧,左手按拍球的左上方使球弹向右侧,反复练习。

(2)原地体侧前后推拉运球

双腿前后开立,运球手按拍球的后上方使球向前弹出,运球手迅速前移至球的前上方,按拍球的前上方使球弹回。熟悉后可加大动作幅度并加快动作速度,反复练习。

(3)原地胯下左、右运球

双脚前后开立成弓箭步,右手持球加力,使球从胯下向左反弹,左手迎引球后,再加力使球从胯下向右反弹,依次双手交替运球,动作速度可逐渐加快。

(4)原地胯下绕"8"字运球

双腿左右开立,约与肩宽,其他动作方法基本同上,只是迎引球的手接触到球时,引球从腿外侧绕过来再推向另一侧。

(5)原地背后换手变向运球

双脚左右开立,约与肩宽,左手持球向左挥摆至体侧,然后用手指、手腕加力,使球经身体左侧向后右下方落于体前,使球向右侧上方反弹,右手在背后右侧控制球,然后再加力向左运拍。依次在背后交替换手运球,反复练习。

3. 行进间运球

(1)全场直线运球

分三组站立,做直线高、低运球练习。

(2)弧线运球

沿罚球圈中圈做弧形运球到对面的底线,再沿边线直线运球返回。

(3)运球急停急起

每人一球,根据老师信号练习急停急起或变速运球。

(4)曲线运球

全场进行曲线变向运球练习。

(5)运球后转身或背后换手变向运球

按图示路线到障碍物后做后转身一次或背后运球再换手加速继续前进,然后站另一组排尾,按顺序进行练习。

(6)领跑运球练习

一名学生不带球在前面时快、时慢,做变向、急停、后转身等动作,另一学生持球在后面跟随他做相应的运球动作。

4.运球对抗练习

(1)全场一攻一守练习

两组同时进行全场一攻一守的练习,然后分别站到队组的排尾,依次轮流练习。

要求:开始时只准堵位,不准抢、打球,然后逐渐由消极到积极防守,最后到强烈对抗,真攻真守。

(2)全场二防一练习

一人运球,两人防守,进行全场攻守练习。

要求:开始时只准堵位,然后逐渐由消极到积极防守,进行围堵、拼抢,以提高运球能力。

(3)弱手攻防练习,半场二对二或三对三攻守练习

用弱手运球,否则视为违例,目的是提高弱手的运球能力,进一步提高控制球的能力。

5.运球技术综合练习

(1)运球与传、接球结合练习

如图 6-3 所示,②开始运球,在运球中将球传给③,然后跑至③排后。③接球后运球中把球传给④,然后跑至④排后。以此类推,连续练习。

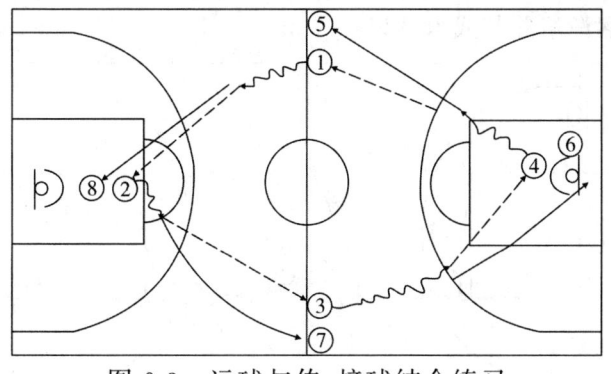

图 6-3 运球与传、接球结合练习

要求:运球与传球的衔接要连贯协调,不出现走步违例。此练习目的

是提高运球和其他技术动作的衔接能力。

(2)运球、传接球、投篮练习

如图 6-4 所示,①和④各持一球,同时开始运球,运至罚球线延长线时,分别将球传给⑧和⑦,传球后迅速向篮下切进,途中再接⑧和⑦的回传球,快速运球上篮。投篮后自抢篮板球,分别传给⑤和②,依次练习。

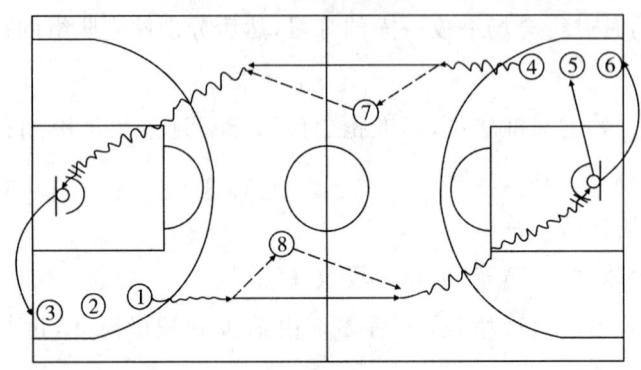

图 6-4　运球、传接球、投篮练习

要求:技术动作的衔接要连贯协调,不出现走步违例。此练习的目的是提高学生快速运球上篮和抢篮板球后第一传的技术水平。

(3)运球交叉、传接球、投篮练习

如图 6-5 所示,①运球与②交叉时,将球传给②,②运球中将球传给①,连续进行,接近篮下时,掩护①投篮,然后交叉练习。

要求:交叉后,接球者要加速运球,传球者要注意保护球,无球摆脱和运球变向要突然,运球时注意保护球。此练习的目的是提高学生的技术运用能力,逐渐培养其战术意识。

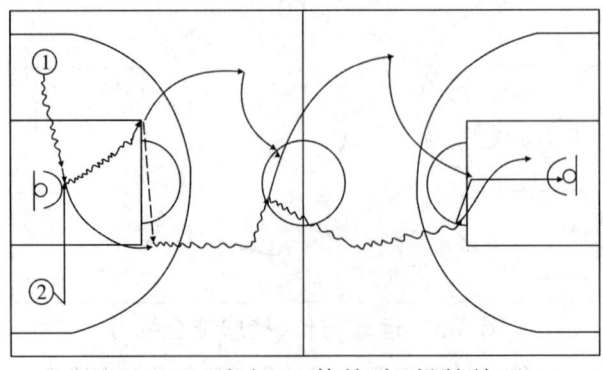

图 6-5　运球交叉、传接球、投篮练习

第二节 传接球技术及投篮技术

一、传接球技术

(一)传接球的基本技术

1. 双手胸前传球

双手胸前传球是篮球比赛中最基本、最常用的一种传球方法,具有传球快速有力、准确性高、容易控制、便于与其他动作相结合的优点。

动作方法:双手持球于胸腹之间,双肘自然弯曲于体侧,身体成基本站立姿势,眼平视传球目标。传球时,后脚蹬地发力,身体重心前移,双臂前伸,双手手腕随之旋内,拇指用力下压,食指、中指用力拨球,将球传出。球出手后,双手略向外翻。

提示:持球动作正确,用力协调连贯,食指、中指拨球。

2. 单手肩上传球

单手肩上传球是一种常用于中远距离传球的方法,传球时用力大,球飞行速度快,常在发动长传快攻时运用。

动作方法:双手持球于胸前,双脚平行开立,右手传球时,左脚向传球方向跨出半步,右手靠左手拨送球的力量将球引至右肩上方,右肩关节外展,大、小臂自然弯曲,手腕稍后屈,持球的后下方,左肩对着传球方向,重心落至右脚上。传球时,右脚蹬地发力同时转体带动上臂,以肘领先前臂,手腕前屈,食指、中指、无名指用力拨球将球传出。

提示:自上而下发力,蹬地、扭转肩、挥臂扣腕动作连贯。

3. 单手体侧传球

单手体侧传球是一种近距离隐蔽传球的方法。将球从球场外围传给内线同伴时常用这种方法,与跨步、突破等假动作结合运用效果较好。

动作方法:双脚开立,双手持球于胸前。右手传球时,左脚向左侧前方跨步的同时,将球引至身体右侧成右手单手持球,出球前的一刹那,持球手的拇指在上,手心向前,手腕后屈。传球时,前臂向前做弧线摆动,手腕前屈,食指、中指、无名指拨球将球传出。

提示:跨步与向体侧引球同时进行,前臂摆动要快,传球手腕用力。

4.双手接中部位的球

动作方法:双眼注视来球,双臂迎球伸出,双手手指自然张开,两拇指成"八"字形,其他手指向前上方伸出,双手成一个半圆形。当手指触球时,双手将球握住,双臂顺势屈肘后引缓冲来球的力量,双手持球于胸腹之间,成基本站立姿势。

提示:伸臂迎球,在手接触球时收臂后引缓冲,握球于胸腹之间,动作连贯。

5.双手接高部位的球

这种接球方法与双手接中部位高度的球相同,但要求双臂必须向前上方迎球伸出。

6.双手接低部位的反弹球

动作方法:接球时要及时迎球跨步,上体前倾,眼睛注视来球方向,双臂迎球向前下方伸出,掌心斜对来球的反弹方向,五指放松,自然张开,手指触球后,双手握球顺势将球引至胸腹之间,保持身体平衡,成基本站立姿势。

提示:跨步迎球要及时,手臂下伸要快。

7.单手接球

单手接球范围大,能接不同部位和方向的来球,有利于学生接球后的快速行动。接高部位、中部位、低部位的动作方法基本相同,只是在接高部位的球时,掌心向上。

动作方法:原地单手接球时,接球手向来球方向伸出,五指自然分开,掌心正对来球,手腕、手指放松。当手指触球时,顺球的来势迅速收臂,置球于身体前方或体侧,另一手迅速扶球,保持身体平衡,做好下一个进攻动作的准备姿势。在移动中接球时,要判断来球的时间和落点,及时向来球方向跨步移动,接球后要迅速降低重心,衔接下一个进攻动作。

提示:手指自然分开,伸臂迎球,触球后引球要快,另一手及时扶球。

(二)传接球技术的训练方法

1. 熟悉球性的练习方法

(1)用双手手指、手腕连续拨翻球(手指弹拨、手腕翻转)

双手持球,手臂伸直于身前,用手腕、手指连续拨翻球,使球在双手之间快速移动。双手要保持一定的距离,练习时节奏可由慢至快、由快至慢,并不停改变球和双臂的高度(上至头、下至脚),反复练习。

(2)双手胸前抛接球

双腿左右开立,双手持球向空中抛球,并在胸前或身后把球接住。待动作熟练后,可以跳起接球或接不同方向的地面反弹球。

(3)环绕头、颈、胸、腿交接球

双脚并立,双手持球置于面前,围绕头、颈、胸、腰、腹、腿交接球,从上到下,再从下环绕到上,做数次后换方向。

(4)单、双手体后抛球接球

双脚左右开立,左手持球于身后,然后抛球过右臂前方,右手迎上接球后用同样的方法从背后抛球至左肩前方,左手迎上接球;也可以双手背后抛球过顶,双手胸前接球。

(5)环绕双腿交接球

双脚开立,约与肩同宽,体前屈,用右手将球从双腿中间交给左腿后面的左手,左手持球绕过左腿外侧至左腿前,继续用左手将球从双腿中间交给右腿后面的右手,右手接球后经过右腿外侧还原成开始姿势,反复练习。

(6)行进间胯下交接球

双脚左右开立,略宽于肩,持球于膝前。练习时,向前迈出右腿,同时左手持球在双腿中间将球交右手,左脚继续向前行进,右手持球经右腿外侧在双腿间将球交到左手;依此前进做胯下"8"字交叉接球,行进速度与方向可不断变换。

2. 原地传接球的练习方法

两人一组面对站立，做各种传球练习，也可对墙进行练习，并用各种方法接反弹回来的球。间隔距离根据需要由近至远，原地跨步，跳起接不同方向的传球。

3. 移动传接球的练习方法

(1) 两人面对面传接球

两人一组一球，相距 4 米面对站立。一人原地传球，另一人向左右、前后移动接球。传接球一定次数后，互相交换练习。

(2) 迎面上步传接球

如图 6-6 所示，练习者排成纵队，①持球距纵队 5～7 米，②上步接①传来的球并回传给①，然后跑回队尾，接着③④⑤依次反复练习。此练习还可要求练习者跑动接球、急停、上步传球、跑动，以加大练习的难度。

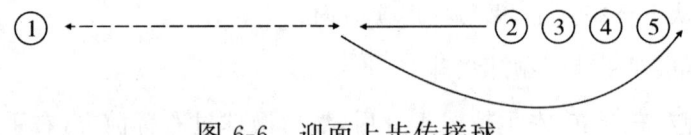

图 6-6　迎面上步传接球

(3) 横向移动换位传接球

如图 6-7 所示，四人一组两球，成"口"字形站立，相距 3～5 米，④⑤各持一球，开始④⑤同时分别传直线球给⑥⑦，然后两人立即横向移动换位接⑥⑦回传球。⑥与⑦传球后，同样横向移动换位接球，依此反复练习。此练习也可固定一组只传球，另一组移动接传球。

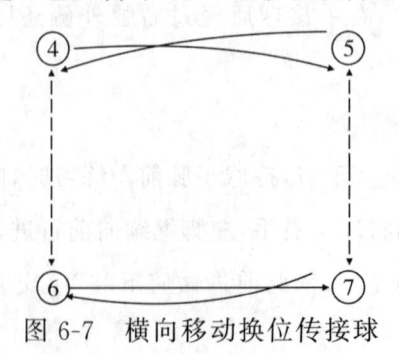

图 6-7　横向移动换位传接球

第六章 高校篮球运动技术训练

(4)三角形移动传接球

如图6-8所示,站位成三组,①传球给②后迅速跑至②组的队尾,②立即将球传给③后迅速跑至③所在组的队尾,③接球后迅速传给①所在组的第二名学生,依次循环练习。

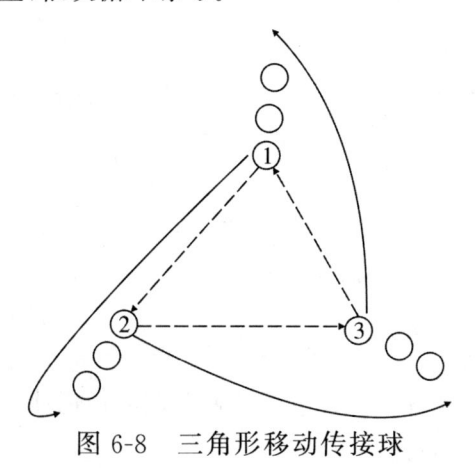

图6-8 三角形移动传接球

(5)半场四角弧线跑动传接球

如图6-9所示,站位成四组,⑤传球给⑥后,切入接⑥的回传球再传给⑦,然后跑到⑦所在组的队尾,当⑤传球给⑦时,⑥紧跟着起动切入接⑦的传球并传给⑧,并跑至⑧所在组的队尾,依次连续进行。

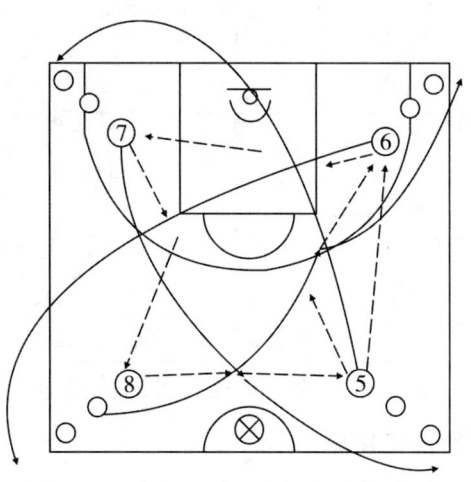

图6-9 半场四角弧线跑动传接球

(6)全场弧线侧身跑动传接球

如图 6-10 所示,⑤分别传球给⑥⑦⑧,并沿全场三个圆圈做侧身跑动传接球,最后投篮,做一定次数后可换另一侧进行。

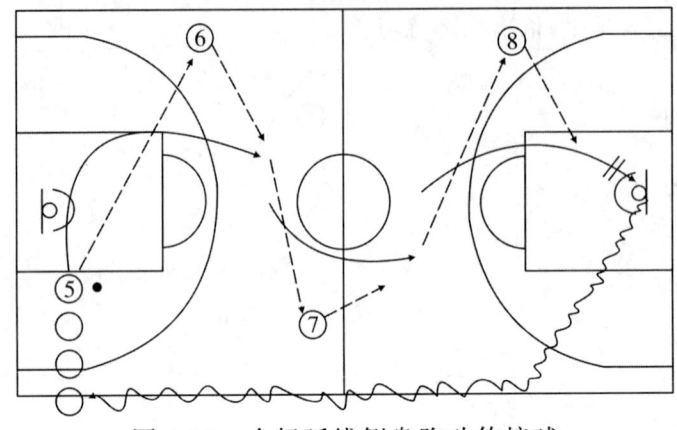

图 6-10　全场弧线侧身跑动传接球

(7)两人全场行进间传接球

如图 6-11 所示,两人一组一球,⑤传球给⑥后立即起动向前跑动接⑥的回传球,⑥传球后向前跑动接⑤的回传球,如此反复传接球至前场篮下投篮,然后再传球返回,人多时可在场地另一侧两组同时进行练习。

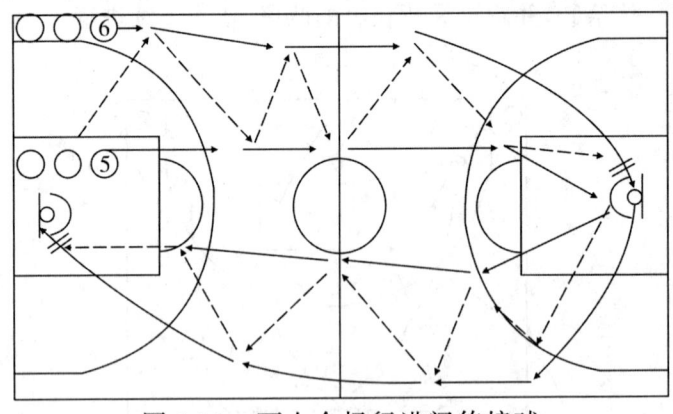

图 6-11　两人全场行进间传接球

(8)三人直线跑动传接球

如图 6-12 所示,三人一组一球,开始由中间⑤持球,传球给向前跑动的⑥,⑥接球后立即回传给向前跑动的⑤,⑤接球后传给另一侧向前跑动的⑦，⑦回传给⑤，依次推进到篮下投篮，以同样的方法传接球返回。

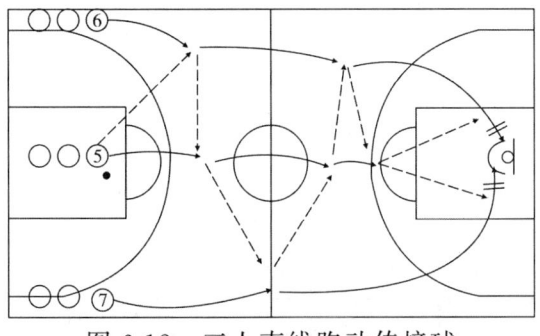

图 6-12　三人直线跑动传接球

(9)全场四角移动传接球

如图 6-13 所示，④传球给接球的⑤后快速跑至⑤所在组的队尾，⑤接球后将球快速传给⑥并跑至⑥所在组的队尾，⑥接球后传给⑦跑至⑦所在组的队尾，依次反复练习。

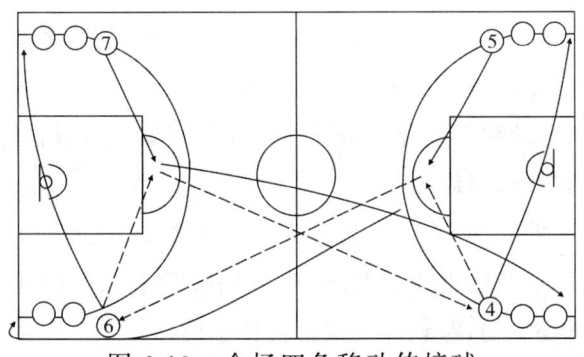

图 6-13　全场四角移动传接球

4.传接球技术综合练习

(1)两人传球，一人防守练习

如图 6-14 所示，篮球半场，④和⑤相距 5 米互相传球，**④**在两人中间防守，开始可消极防守，协助传球学生练习，逐渐转为积极防守。如果④或⑤传出的球被防守人触到或抢获，则与传球人交换位置。

图 6-14　两人传球，一人防守练习

(2)三传二防守练习

篮球半场，五人一组，三人站成三角形相互传球，两人居中防守，积极抢、断球，触到球的防守者即与传球者互换防守。

(3)行进间越过防守的传球练习

在全场三个圆圈内各站一人防守、封堵、抢断球，传球者要设法避开防守者封堵与阻拦，选好传接时机和运用合理巧妙的传球方法。

(4)行进间传接球投篮练习

在不同队形的移动变化中进行行进间传接球结合投篮练习。

(5)交叉点拨传球练习

如图 6-15 所示，交叉后空切者⑤要伸手要球，运球学生④要及时点拨传球到位，⑤接球后迅速斜线运球，并用眼睛余光进行观察，④传球后快速启动做弧线空切，跑到适当位置再伸手要球。

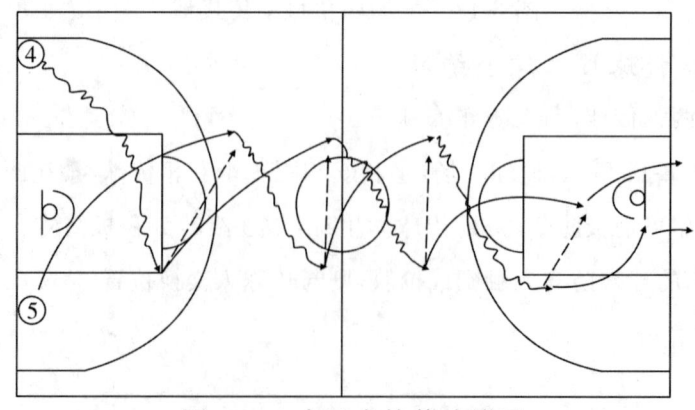

图 6-15　交叉点拨传球练习

(6) 接应交叉跟进传接球练习

如图 6-16 所示，④传球给⑤后斜插接应⑤的球，⑤传球后跟进交叉，④做向后反弹传球后加速快下，再接⑤的球后再回传，然后跑到对面一组的排尾，⑤传球给⑥后跑到⑥所在组的排尾，⑥和⑦以相同的形式传球，连续做传接球练习。

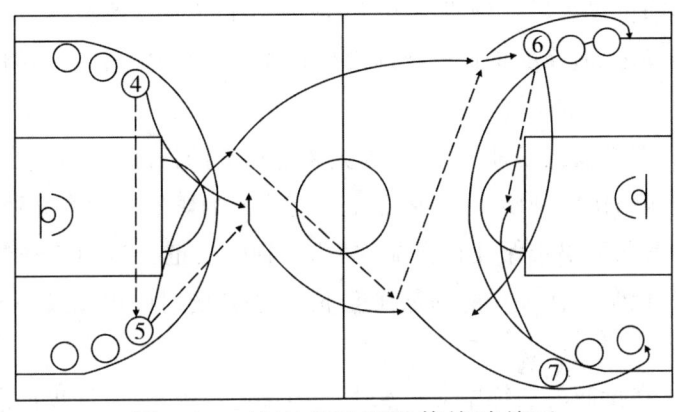

图 6-16 接应交叉跟进传接球练习

二、投篮技术

投篮是进攻者将球投入篮筐的一种专门动作，它是篮球比赛中唯一的得分手段。投篮命中率的高低直接影响比赛的胜负。所以说，投篮是一切攻守技术、战术运用的最终目的和攻守对抗的焦点。因此，加强投篮技术的教学与训练，正确地掌握和熟练运用投篮技术，提高投篮命中率，对提高球队比赛成绩具有十分重要的作用。

(一) 投篮技术的训练要点

第一，投篮是一项重要的进攻技术，在训练的不同阶段或每次课程都应安排投篮的练习，并应注意动作的正确性和强调命中率；把投篮练习贯彻篮球教学的全过程，以提高学生的投篮命中率。

第二，投篮技术的训练应首先抓好原地投篮，通过原地投篮使学生基本掌握投篮的动作方法与要领，严格动作规格，强调投篮动作的全身协调用力以及投篮抛物线和球的旋转，掌握投篮的方法。

第三，在初学阶段，遵循由近到远、由一点到多点的练习原则，让学生逐步掌握从不同距离和不同角度投篮的方法。

第四,在学生基本掌握正确投篮方法的基础上,逐步加大投篮的练习力度,使学生在一定运动量的状态下,提高投篮的命中率和完善动作的熟练程度。

第五,投篮技术的训练应与学生的位置技术结合起来进行练习,根据学生的不同位置练习各种投篮方法,帮助学生形成技术特点。如中锋的篮下各种投篮、前锋的接球或运球急停跳投、后卫的突破急停跳投与三分远投等。

第六,在投篮技术训练中,应加大体能训练的强度。良好的体能是完成各种技术动作的基础,对投篮命中率有明显的影响。没有充沛的体能,在高对抗情况下很难保证投篮命中率。因此,应把投篮训练和体能训练结合起来,使学生在一定的训练强度下,在一定的时间内完成一定数量的投篮。

第七,在投篮的训练中应重视学生的投篮心理训练,逐步提高学生抗干扰的能力,使学生能在各种心理压力下提高投篮命中率。

第八,在组织好投篮技术训练的同时,应加强投篮与运球、传接球、假动作等技术动作的组合练习。设置不同场景的投篮训练,以达到投篮技术的熟练性与稳定性。

第九,可根据学生的训练水平与训练任务,把投篮训练与全队的战术配合结合起来进行练习。加强投篮在战术练习的训练,结合不同的战术体系,使学生在各种战术运用状况下熟练掌握和合理运用各种不同的投篮技术,既提高学生的投篮命中率,又增强学生间的配合意识与配合能力。

(二)投篮技术的训练方法

投篮技术的训练分为投篮的基本动作练习、行进间上篮的基础练习、投篮技术的强化训练、定时定量的大强度投篮练习、配合投篮的多球练习、对抗条件下的投篮练习六个部分。

学习和掌握投篮的基本动作是教学的重要环节。在此环节,教师应通过各种基础投篮练习,使学生学会在不同位置和距离的条件下,掌握投篮时的瞄篮方法,掌握球出手后的抛物线与旋转,学会全身的协调用力和投篮时的腕指用力,从而为学生掌握正确的投篮技术动作打好基础。

1. 投篮教学的辅助练习

投篮教学的辅助练习主要是通过对投篮动作的模仿、技术动作的分解(如上篮)和简化练习条件等形式,让学生体会投篮技术动作主要环节的要领和动作方法的基本过程,逐步建立正确的技术动作概念,为更好地学习和掌握投篮技术打下基础。这些练习方法与手段既可在教学的初期阶段采用,也可用于学习和训练中错误动作的纠正。

(1)原地投篮动作的模仿练习

动作方法:学生在教师的指导下原地徒手做投篮的模仿动作练习,然后持球做投篮模仿动作,再按照教师的口令,向前上方投篮出手。

提示:教师注意不同角度的示范,可根据动作的分解,特别强调投篮的持球动作和手型。

(2)原地两人互投练习

动作方法:两人一组,每组一球,持球者将球投向对面的同伴,然后交换练习。

提示:强调投篮时全身用力的顺序,重点体会腕、指的用力,掌握正确的持球方法。此练习也可坐在地上或椅子上进行,着重体会投篮手的用力。

(3)原地对墙投篮练习

动作方法:学生持球面对墙距离3～4米,做原地投篮或跳投动作练习,体会投篮手法和用力顺序。

提示:练习时,强调球触及墙的高度,球要有一定的抛物线。

2. 原地投篮练习

原地投篮练习主要是通过原地的练习形式,使学生初步掌握基本的投篮方法,主要练习内容有原地单手投篮、原地上步接球投篮,多采用定点投篮的方式,在不同点上,逐步改变投篮角度与投篮的距离。

(1)篮下定点投篮练习

动作方法:全队分成两组,每人一球,两组分别在半场限制区左右两侧和篮板正面 3 米左右,依次做原地定点投篮。

提示:体会投碰板篮和空心篮的瞄篮方法;投篮时全身协调用力,投篮手法要正确。

(2)不同形式的原地投篮练习

动作方法:学生持球在教师的指导下依次做以下原地投篮练习。

第一,两人一组,一人在三分球范围内投篮,投出 10 个球为一组,另一人抢篮板球后传给投篮的学生,达到规定的次数后,两人交换。

第二,两人一组,自投自抢传给同伴,连续进行,由教师规定完成的组数。

第三,罚球比准,全队分成两组,采用竞赛的形式在两个球篮同时进行,在规定的时间内投进次数多的一方胜出。

第四,两人一组,每人先投一个三分球,自己抢篮板球,在限制区外投一次两分球,再拿球在篮下投篮,然后两人交换。

提示:根据训练需要,合理选择上述练习,逐渐变换投篮距离与角度。

(3)原地定点连续投篮练习

动作方法:如图 6-17 所示,④在篮下抢篮板球依次传给三分线位置的同伴,投篮数次后,轮流与④位置的同伴交换练习。

提示:接球与投篮动作转换要快,身体姿势要正确;投篮时全身用力要协调,球出手后,投篮手的跟随动作要充分。

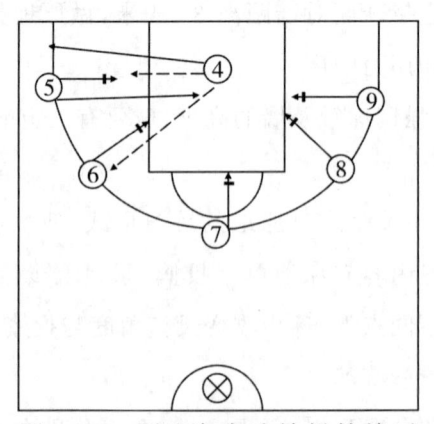

图 6-17 原地定点连续投篮练习

(4)跨步接球投篮的步法练习

动作方法:两人一球,两人面对面相距2米左右,开始时,无球者原地碎步移动,突然向传球者的身体一侧跨步接球,上步快速起跳做跳投的模仿动作;落地后将球交给同伴,迅速碎步后退,然后再在另一侧跨步接球起跳做跳投的动作,如此反复10次,两人互换练习。

提示:跨步降重心,上步起跳要快,动作连贯,传球动作正确。

(5)原地上步接球投篮的练习

动作方法:学生依次上步接教师的传球后投篮。

提示:强调上步方法要正确,协调快速;接球时身体重心下降并迅速转身面对球篮;投篮动作要快,用力要协调。此方法也可在练习跳投时运用。

(6)半场上步接球投篮的练习

动作方法:如图6-18所示,④传球给⑤,⑤迅速做原地投篮或原地跳投;④抢篮板球给同伴,然后两人交换到对方排尾。

提示:接球上步时身体重心下降,接球后迅速转身面对球篮;投篮动作要快,投篮用力要协调。此方法也可在练习跳投时运用。

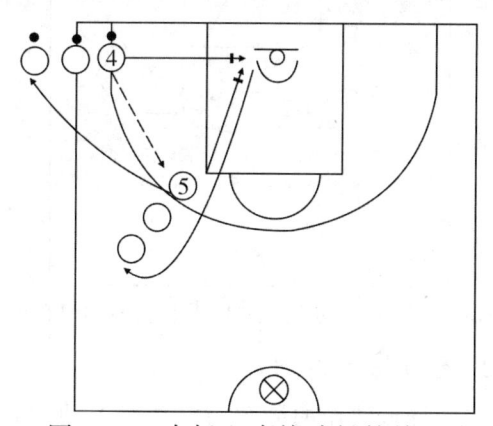

图6-18 半场上步接球投篮练习

(7)半场两人传接球投篮练习

动作方法:如图6-19所示,两人一组一球,⑤投篮后自抢篮板,将球传给④投篮,⑤移动选位接④的传球投篮,两人依次交替连续进行。

图 6-19　半场两人传接球投篮练习

(8)弧线移动左、右上步急停接球跳投练习

动作方法:如图 6-20 所示,分成两组,相距 4～5 米,⑥不持球,其他人各持一球。⑥做弧线移动接④传球,然后做右脚上步急停跳投,⑥投篮后自抢篮板到另一组队尾。④传球后做弧线移动接⑦传球,然后做左脚上步急停跳投。⑦投篮后自抢篮板到另一组队尾,依次进行练习。

图 6-20　弧线移动左、右上步急停接球跳投练习

3.行进间上篮的基础练习

通过行进间上篮技术动作的分解与完整练习的结合,使学生基本掌握上篮的脚步动作与上篮手法的正确方法,再逐步过渡到其他上篮技术的练习。

第六章　高校篮球运动技术训练

(1)行进间上篮的模仿动作练习

动作方法:学生在教师的指导下依次完成下列练习。

第一,碎步走,徒手做跨步接球、起跳、举球的动作。

第二,慢跑中练习跨步、起跳动作。

第三,自己抛接球,跨步接球后起跳举球。

提示:上篮的脚步动作要正确,强调跨步接球,上步跳起,动作连贯。

(2)原地跨步"拿"球上篮练习

动作方法:学生每人一球。开始时,学生依次传球给同伴,单手持球伸出,练习者左脚在前、右脚在后(右手投篮时),右脚向前跨步拿手中的球,左脚上步跳起,做单手高手或单手低手上篮动作。

提示:练习一定时间,上篮者的跑动距离逐步延伸到罚球线、弧顶、中线等,也逐步由"托"球转为抛球或传球。

(3)三人跑动传球投篮练习

动作方法:如图 6-21 所示,三人一组二球,④⑤⑥移动过程中可运球,相互之间传接球,达到一定投篮距离后有球者将球传给无球者投篮。

图 6-21　三人跑动传球投篮练习

(4)两人跑动"拿"球上篮练习

动作方法:两人一球,两人相距 5~8 米。开始时,无球者快跑到持球同伴的身侧跨步主动"拿"球,上步起跳做低手或高手上篮的动作,两人轮换练习。

提示：跨步降重心，上步起跳举球，动作连贯协调。以上练习既可作为初学行进间上篮的练习手段，也可作为纠正错误动作时的辅助方法。

(5)半场跑动传接球上篮练习

动作方法：如图 6-22 所示，除一人外，其他学生每人一球。开始时，⑤传球给⑥后，侧身向篮下快跑接⑥的回传球上篮，自抢篮板球到队尾，⑥传球后到⑤的位置，如此继续练习。

提示：左右两侧轮换进行，传球及时到位。

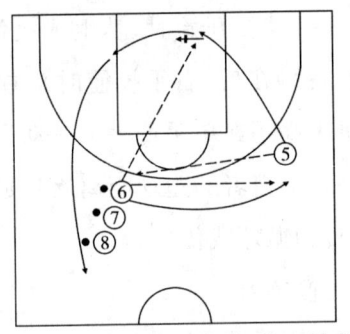

图 6-22　半场跑动传接球上篮练习

(6)全场九人投篮练习

动作方法：如图 6-23 所示，学生站位，①②③⑦⑧⑨每人手持一球，分别站在两个半场投篮位置，④⑤⑥面向一侧站在中央位置。学生听到指令开始投篮，投篮后自抢篮板，然后将球运出，①②③分别将球传给④⑤⑥，④⑤⑥接球后投篮，然后跑向⑦⑧⑨，由⑦⑧⑨接球并完成投篮，依次循环进行。

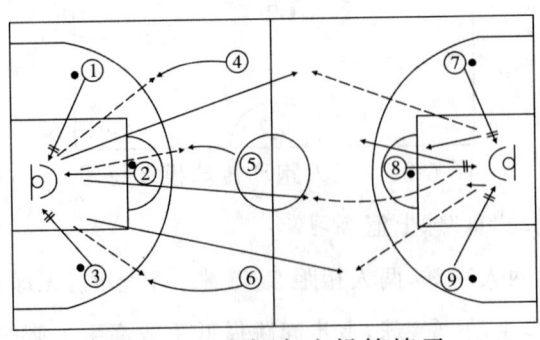

图 6-23　全场九人投篮练习

4. 篮下勾手投篮练习

通过勾手投篮练习提高学生双手勾手能力。

动作方法：一名学生在篮下限制区右侧持球用右手勾手投篮，接到球（不能让球落地）后在左侧用左手勾手投篮，在球落地之前拿住球，再到限制区右侧用右手勾手投篮。该练习可规定投中次数，也可以限定投篮时间。

提示：正确使用脚步动作，右手勾手投篮时左脚起跳，左手勾手投篮时右脚起跳，在勾手投篮时持球点应在肩部以上。

5. 四角弧线跑动传接球投篮

通过四角弧线跑动传接球投篮练习，提高学生弧线跑传接球投篮的能力。

动作方法：如图 6-24 所示，学生分成四组，⑥传球给⑦后，切入接⑦的回传球上篮，然后跑到④所在组的队尾，⑦抢篮板球后再传给④，弧线跑接④所在的回传球后再传给⑤，然后跑到⑤所在组的队尾，④传球给⑦时，紧跟着起动弧线跑接⑤所在回传球后，将球传给⑥，然后跑至⑥所在组的队尾，依次连续进行。可增加至三球练习。

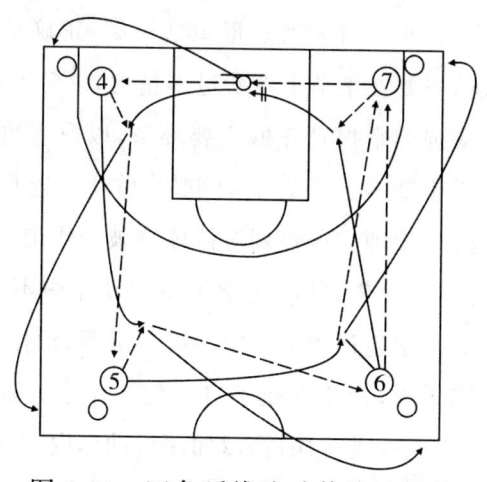

图 6-24 四角弧线跑动传接球投篮

6. 对抗投篮

通过对抗投篮练习，培养学生的对抗意识，使学生能在强对抗情况下掌握进攻得分的手段。

动作方法：两名学生一组，在篮下进行攻防对抗。无论谁进攻都要尽力投篮得分，防守者要给对手施加压力。学生抢到篮板球后要积极进攻投篮，一方投中三球后即结束。

第三节 持球突破技术及防守对手

一、持球突破技术

持球突破是持球者结合脚步动作和运球技术，快速超越对手的一项攻击性很强的技术。持球突破技术若巧妙地与投篮、传球、假动作等技术动作有机结合起来，将使持球突破技术更加灵活多变，从而显示出持球突破技术的攻击性。

(一)持球突破技术的训练要点

在持球突破技术教学中，应先教持球交叉步突破，接着教持球顺步突破，最后教前转身持球突破和后转身持球突破等难度较大的动作。

在具体教学中，教师应首先通过形象地讲解、正确地示范，使学生建立整体的动作概念，不要在细节上花费过多精力，以免因过强或过弱的刺激引起泛化现象，应强调掌握动作的主要环节，以取得重点突破的效果。随着学习的深入，学生基本上学会了动作，前后动作连贯准确，初步形成运动动力定型。这时，教师应该强调对持球突破动作细节的要求，加强对持球突破动作的分析和思考，并纠正学生整套动作中不合理和不正确的部分。通过反复练习，学生运动动力定型趋向巩固，动作更精确、协调、省力，动作细节也正确无误，初步形成了自动化。在这一阶段，要求学生对动作技术理论和力学原理进行探讨，以加深对动作内在联系的认识，防止运动动力定型消退，并配合运动实践最终使持球突破动作达到自动化程度。

(二)持球突破技术的训练方法

1. 突破的步伐练习

突破的步伐练习是指原地徒手或结合球做持球突破的各种脚步动作练习。学生可在教师的口令下集体做突破的步伐练习,每人一球,利用假动作做交叉步、顺步突破的脚步动作练习,主要体会持球动作、蹬跨脚步、转体探肩、推放球加速几个技术环节的衔接和连贯动作。

2. 无防守情况下的突破练习

(1)行进间自抛自接突破练习

接球后做交叉步、顺步突破练习。

(2)原地持球突破练习

学生每人一球,位于45°角处成一纵队,练习开始时,做原地持球交叉步和顺步突破后运球上篮。投篮后抢篮板球并运球至队尾,依次练习。

3. 有防守情况下的突破练习

(1)有防守情况下三人做连续突破练习

如图6-25所示,三人一组一球,①持球做投、突假动作吸引防守者,然后做顺步或交叉步突破,向前运球传给③,并立即防守③,③接球后用同样的方法突破①,向前运球传给❶并防守,三人轮换攻防,依次练习。

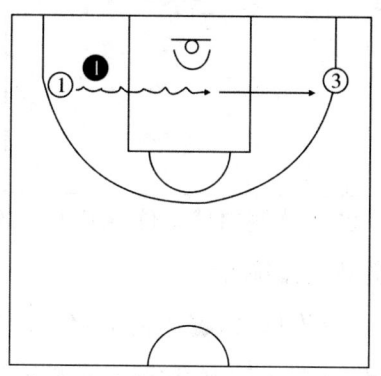

图6-25 在有防守情况下三人做连续突破练习

(2)接球急停突破上篮练习

如图6-26所示,③为防守和供球学生,①传球给②后,做跑上一步急停接球,根据②的防守位置,用持球交叉步或顺步突破上篮,自抢篮板球后运球至队尾,依次进行。

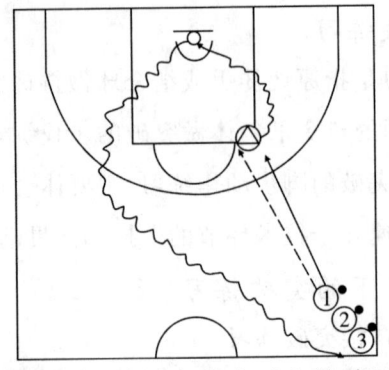

图 6-26 接球急停突破上篮练习

(3)接侧向球急停突破上篮练习

如图 6-27 所示,❷为防守者,②持球,②传球给①后上步接球急停,与❷错位,根据❷的防守情况,用交叉步或顺步迅速突破上篮。②投篮后至❷防守位置进行防守,❷抢篮板球后,运球至队尾,依次练习。

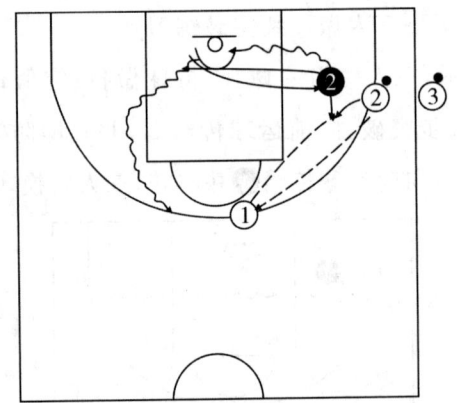

图 6-27 接侧向球急停突破上篮练习

(4)插上接球后突破上篮练习

如图 6-28 所示,②为传球者,❶为防守者,②摆脱❶背对球篮接球后,根据防守位置情况,可直接做前、后转身突破或转身做交叉步或顺步突破上篮。②投篮后至❶位置进行防守,❶抢篮板球后传给②,至队尾,依次练习。

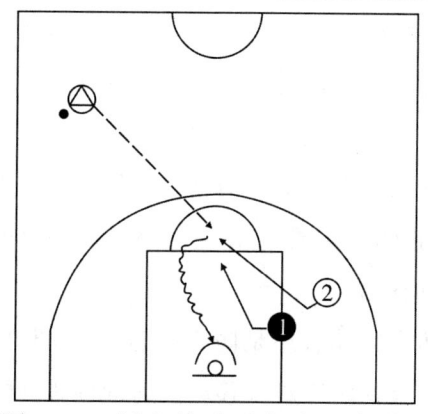

图 6-28　插上接球后突破上篮练习

4.持球突破技术综合练习

(1)"一攻一守"持球突破练习

两人一组一球,做半场的一对一"斗牛"练习。

(2)半场三对三攻守练习

要求防守采用人盯人防守,不许换人。进攻者不许掩护,主要利用投篮和突破结合技术来进攻。练习一定次数或成功一定次数后,攻守交换。

二、防守对手

防守对手是一项综合性的个人防守技术,个人防守技术掌握的好坏,是衡量一个篮球运动员个人技术全面与否、技术能力强弱的重要标志,个人防守对手的技术水平直接影响全队防守战术的实施与成效。所以说,防守对手是防守的重要组成部分,也是集体防守战术配合的基础。

(一)防守对手训练要点

第一,在训练中,首先要树立"积极防御"的指导思想,克服重攻轻守的倾向,强调在防守时始终要全神贯注、一丝不苟。篮球教师在教学中应培养学生积极主动、富有攻击性的防守意识和勇猛顽强、勇于拼搏的防守作风。

第二,防守对手的训练顺序是:选择防守位置的练习(包括移动选位练习,强侧、弱侧防守练习,一对一脚步移动练习),防守无球学生的练习

(包括防纵切练习和防横切练习),防守有球学生的练习(包括半场一对一攻防练习、防中投练习等),抢、打、断球练习以及防守对手的综合性练习。

第三,教师在训练中,应强调防守的观察判断,不断扩大学生的视野范围,提高其防守的预见性。要特别重视加强从防无球到防有球、从防有球到防无球和从防强侧到防弱侧、从防弱侧到防强侧的转化练习,增强学生的应变意识和反应能力。

第四,无论是防守无球者还是防守有球者,脚步的移动都很重要,教师在教学训练时,应重视防守脚步移动能力的训练,强调快速、多变,动作规范。

第五,重视手部动作在防守中的正确运用,强调防守的主动性与威慑力;掌握犯规动作与正常防守动作的临界点,加强防守动作的"凶悍"与顽强作风的培养。要求作风顽强,精神高度集中,在规则允许的情况下尽可能地使动作凶猛、有力量,积极发挥防守的攻击性和破坏性。

第六,教师在训练过程中,要遵循由简到繁、由易到难的原则,逐渐增加练习的难度和要求。在训练中要注意培养学生积极防守的意识,强调防守时要始终全神贯注、一丝不苟,克服重攻轻守的思想。强化个人防守技术训练的同时,重视同伴之间的协防意识与防守对手结合起来。

第七,教师在训练中应帮助学生树立现代防守的理念,明确防守对手的基本原则,掌握正确的防守方法,强调随时依据对手和球的动向,抢占"人球兼顾"的有利位置,随时观察场上情况,学会与同伴协作。

第八,重视防摆脱空切的训练,不让对手在有效的攻击区和切向篮下接球。阻截对手的移动接球路线,尽可能破坏对手接球后的身体平衡,迫使对手即使接到球,也难以衔接下一个进攻动作。

(二)防守对手训练方法

防守对手的基础练习内容包括防守位置的选择和防守步法的各种练习,它们是防守对手的基础,也是防守技术训练的重要内容之一。防守的步法练习应以防守步法的组合练习为主,强调身体重心下降,严格动作要求,不断提高脚步移动的灵活性与移动速率。

1. 防守对手的基本步法练习

动作方法:学生在教师的指导下,依次做下列防守的步法练习。

(1)学生呈防守基本姿势,看教师的手势做各种滑步、攻击步、后撤步、交叉步等脚步移动。

(2)防守移动中听或看信号变跑,再由跑变滑步,并结合抢、打断球的模仿练习。

(3)运用人字形、三角形、四方形、圆形等图形进行防守的各种步法练习。

(4)两人一组,一人主动做防守的各种移动动作,另一人跟随进行练习。

(5)全场后撤步,后退交叉步与滑步、攻击步与碎步移动断球的脚步动作练习。

提示:掌握正确的防守基本姿势,练习中有意识地培养观察与判断的能力。

2. 个人绕杆防守步法练习

动作方法:学生依次快跑到障碍架前,围绕障碍架做上步—跨步抢位—后撤步—滑步等防守步法,左右反复进行,完成数组再轮换。

提示:重心下降,动作快速平稳,动作规范。

3. 结合攻守转换的综合防守步法练习

动作方法:学生按既定的移动路线依次练习各种防守脚步动作,包括横滑步、前滑步、侧身跑、半场切入跑、追跑、折返上步防守、碎步防守移动、追防夹击、连续侧滑步、夹击、横滑步至篮下等,然后回到队尾。前一名学生练习过中线,下一名学生即可开始。

提示:此练习应在学生基本掌握各种防守步法的基础上进行,以强化与改进动作规格,提高动作间的衔接能力;逐渐增加练习次数;强调动作规范与移动速度。

4. 结合防守选位的移动步法练习

(1)选位练习

动作方法:半场二对二。进攻者接球后做瞄篮和持球跨步突破的假动作,而后再传球给同伴。防守者针对对手有球和无球情况,及时移动选位,做出相应的防守动作,连续数次后攻守转换训练。

提示:防守者积极选位,做到对持球者的平步防守,防无球者要人球兼顾。

(2)强侧、弱侧连续移动选位练习

动作方法:学生半场三对四,进攻者在外围传球,可做摆脱接球动作,但不能穿插、掩护。防守学生根据球的位置选位,积极防守摆脱接球,反复练习数次后,攻守交换。

提示:防无球学生时根据球的转移与位置,迅速调整防守位置,掌握防守的距离与防守面,始终做到"人球兼顾",防持球学生时占据对手与球篮之间的位置,靠近对手。

第七章　高校篮球运动教学与游戏

篮球游戏是一种综合性的篮球运动教学方法,游戏中蕴含了不同的故事情节,可以有效激发学生的智能、体能,提高学生学习和参与篮球运动的兴趣,同时对于学生体育精神、攻守意识、创新意识、良好意志品质的培养也具有重要的促进作用。

篮球游戏是现代体育教学方法中越发受到重视的一项内容。鉴于篮球游戏具有的娱乐性特征,其在篮球教学中有着极其特殊的作用。通过将篮球技战术融入篮球游戏,学生可以在游戏之中潜移默化地接受篮球训练、提升球感以及综合技能水平。

第一节　篮球游戏的基本理论

一、篮球游戏的概念

篮球游戏是指以篮球和篮球场为主要道具和场所的,有特定目标和任务并在一定规则制约下组织的某种活动形式。

篮球游戏内容丰富、形式多样、组织简便、氛围轻松,同时具有竞争性的因素,因此它对篮球教学训练有很大帮助,是篮球教学热身运动或放松运动的最好选择。

篮球游戏大多是集体分队进行。篮球游戏在篮球训练中的意义在于:①培养学生的集体主义精神;②培养学生勇敢顽强的优良品德和作风;③提高学生观察与判断的能力;④有利于学生篮球意识的强化和形成。这些都对篮球教学训练的顺利进行起着积极的作用。

二、篮球游戏的特点

篮球游戏是体育游戏与篮球训练的结合。因此,篮球游戏具备了篮球训练和体育游戏两方面的特点。除此之外,篮球游戏还具有一些专属于它自身的特点,主要体现如下。

(一)目的性

篮球游戏的娱乐性和进行时的轻松氛围容易让人忽略它存在的目的。它并不单纯是一项娱乐游戏,而是在游戏中蕴含着许多训练内容。例如,增强参与篮球运动的学生体质和提高他们的篮球技能就是篮球游戏的意义之一。

不同的篮球游戏拥有不同的针对性。比如有针对运球能力的培养,针对传球能力的培养等。此外,篮球游戏还具有合理安排运动负荷的作用,如在进行了大运动量训练后,安排一些篮球游戏调整学生的体能分配。

(二)灵活性

篮球游戏的灵活性体现在,游戏中的动作、路线、规则及场地器材都是根据参与者的实际情况进行设计、选择和变化的。其具体表现如下:

(1)篮球游戏中的动作可以根据参与者的具体情况和不同要求做出相应变化,可以是正常的跑、跳、投,也可以是变异的各种跑、跳、投;可以提出严格的动作规范,也可以淡化动作规范。

(2)篮球游戏中的路线可以根据参与者具体情况和不同要求做出相应的变动,可以是直线、曲线,也可以是弧线、螺旋线;可以一次直接到达终点,也可以几个人接力到达终点。

(3)篮球游戏中的规则,需要简明扼要,不宜过分复杂。可根据篮球游戏的目的,对活动的路线做出不同限制,进而产生不同的游戏效果。

(三)竞争性

篮球游戏的竞争性可以体现在比体能、技能与智力,或者是比与同伴协作的能力、集体协作能力和应变能力等。除此之外,篮球游戏还可以使弱者有机会成为获胜的一方,这也给实力强的一方提出了新的挑战,游戏者必须充分发动思维、积极思考游戏规则等内容,把握游戏的本质,如此才能获得胜利。因此,篮球游戏不仅能提高参与者的活动能力,还能培养他们的创造性思维。

(四)趣味性

趣味性是一切游戏的根本属性,也是篮球游戏的重要属性。篮球游戏本身具备趣味性和休闲性,因此它可使学生在轻松愉快的氛围中进行,这对于学生调节情感、放松身心都有着积极的作用。学生轻松、自由、平等地参加游戏活动,把注意力集中到活动过程的乐趣上,从而获得自由表现的机会。篮球游戏过程中的随机性、偶然性能满足学生情绪、情感上的需求,使其产生愉快的情绪,这也是篮球游戏的魅力所在。

三、篮球游戏的训练任务与要求

(一)篮球游戏的训练任务

篮球游戏也是篮球训练内容之一,它的训练任务包括以下几点。

(1)正确、熟练地掌握篮球运动技术和技能。

(2)帮助学生始终保持持久的兴趣和旺盛的求知欲。

(3)减轻学生的疲劳,提高教学训练质量。

(4)提高学生的感觉器官和机能的敏感性、稳定性与思维能力。

(二)篮球游戏的训练要求

篮球游戏已经成为现代高校篮球教学和篮球专业运动队中经常使用的训练活动方法。教师在进行篮球游戏教学时,应注意以下几方面的基本要求。

1.满足篮球教学训练的需要

教师在制订篮球游戏教学计划时,要考虑到游戏的内容和方法是否符合学生生理、心理两方面的发展需要,与此同时,还不能忽视篮球游对篮球训练的辅助作用,使游戏紧密配合篮球教学的任务,通过游戏提高学生的技能水平。游戏的内容不要过于复杂,否则会对教学效果产生一定的影响。

2. 增强学生的思维能力

通过篮球游戏,充分发挥学生的想象力和创造力,发展他们的思维,提高其认识能力。要做到这一点,教师在说教的同时,还要对学生进行积极的启发和引导,从而提高学生的体力和智力水平,并有利于学生思维能力的形成和发展。

3. 加强学生的思想品德教育

篮球运动是一个团队体育项目,因此集体协作就是篮球运动的本质属性之一。在游戏中,学生之间需要团结互助,协同配合,增强集体观念。教师在篮球游戏教学中要做到因人施教,尊重、关心学生,公正裁判,准确评定成绩等,通过篮球游戏加强对学生的思想品德教育。

四、篮球游戏的创编步骤与原则

(一)篮球游戏的创编步骤

1. 游戏任务的确定

作为一种具体游戏,篮球游戏的创编必须有其具体的目的和任务,如提高某项身体素质、培养某种兴趣等。

2. 游戏素材的选择

篮球游戏素材要根据游戏的任务从篮球运动本体内容中来进行选择。例如,学习篮球某项技术,可以该技术动作为素材。

3. 游戏方法的确定

游戏方法通常包括游戏的准备、组织形式、队形及其变化、活动时间、空间地域范围及路线、接替方法和动作要求等内容。

4. 游戏规则的制定

制定游戏规则时,要注意正规的篮球规则基本要求,要有利于运用技术与战术的规范要求,要明确合理与犯规、成功与失败的界限,制定出对犯规者的处理办法。另外,规则要有利于维护游戏的公平性和公正性。

5.游戏名称的确定

游戏名称要具有教育性、形象性、激励性和象征性,还要简单易懂,并能反映出该游戏的主要特点。

6.游戏的示范

篮球游戏的创编是为了更好地进行篮球游戏教学训练任务,对游戏进行科学合理的示范和演示,是篮球游戏获得训练效果的基础。

(二)篮球游戏的设计原则

篮球游戏本身具有辅助教学的作用,这个观点已经被广大体育训练工作者所认可。随着篮球运动的不断发展、创新,越来越多的篮球游戏被设计出来。一个好的、富有实效的篮球游戏的设计需要按照一定的原则进行,主要包括以下几点。

1.针对性原则

篮球游戏的设计应注意遵循针对性原则。为了符合这一原则,教师可根据本次教学和训练的目的和内容、学生的实际情况、教学训练的客观条件(如场地、器材、设备、天气等)有针对性地设计游戏的内容、方法、规则,还可以针对不同的教育目的,有针对性地设计和选择不同的篮球游戏。

在篮球教学训练中,运用和组织游戏的根本目的是使学生的体能得到增强,帮助其掌握技术,培养品质,发展与篮球有关的各种思维能力。因此,只有遵循针对性原则,教学训练的任务才能真正落到实处。

2.趣味性原则

趣味性是篮球游戏不同于篮球训练的根本因素,因此,教师在设计篮球游戏时必须遵循趣味性原则。篮球游戏的趣味性更多地表现为具有较强的对抗、竞赛和竞争性。这种使人感到愉快的竞争、竞赛或对抗能有效地激发人的活力和潜在能力。

篮球游戏的趣味性还在于设计者要设计和采用一些与日常习惯不同的动作,逐步提高动作的难度,或者还可以采用一些奇怪有趣的规则,使参与者能够全身心地投入游戏之中,进而获得通过自己努力而取得成功的满足感。

3. 教育性原则

教师在设计篮球游戏教学活动时还要考虑到它是否包含教育性因素,即从游戏的设计、命名、形式、方法到具体要求,都要立足于它的教育价值,避免设计出的游戏过分强调趣味性。因此,在篮球教学训练游戏中,必须注意教育性原则,要重视培养参与者的顽强作风和集体主义精神等。

4. 安全性原则

教师在设计篮球游戏时需要考虑到安全因素。开展篮球游戏一般会选择篮球场作为场所,篮球和标志杆作为器材,从表面上看是相对安全的,但在设计某些针对性强的游戏时,也一定要注意贯彻安全性原则,避免参与者受伤。

在以篮球运动技战术为素材的游戏中,学生往往会由于过度兴奋,出现不注重动作质量的问题。因此,教师在设计篮球游戏时尤其要注意从游戏规则上保证动作规格,避免过大、过猛动作的出现,使学生的精力全部投入在做好游戏上面,从而达到学练统一的目的。

第二节 高校篮球运动教学体能类游戏

一、力量素质游戏

(一)"推小车"

教学目的:发展学生的上肢力量。

游戏准备:篮球场一块。

游戏方法:把学生分成人数相等并为偶数的甲、乙两队,各队"1、2"报数,两队端线后纵向排列,各队数1者双手撑地,数2者抬起数1者双腿。游戏开始,教师发布口令,数1者用双手、数2者用脚,两人一组协同前进至中线后，两人交换角色返回端线，排至本队队尾，依此类推，先进行完的队伍获胜。

游戏规则：数 1 者双手交替前行，且双手触及端线才能与数 2 者互换角色。

教学建议：通过规定"推车"距离增减游戏难度。

(二)双人蹲跳

教学目的：发展学生的下肢力量与协调性。

游戏准备：如图 7-1 所示。在篮球场地上划两条相隔 8 米的平行线作为起跳与返回的标记。

游戏方法：全体学生平均分成两队，各队在起跳线后纵向列队站立，游戏开始后，两人一组，双肘相拐背对背蹲跳，从起跳线出发至返回线，然后折回至开始位置，再排到本队队尾，依次进行，先完成的队伍获胜。

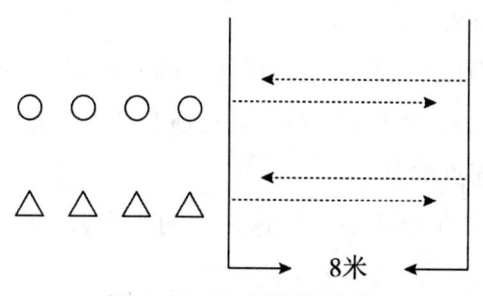

图 7-1 双人蹲跳游戏

游戏规则：二人共四只脚均跳过折回线才能折回，蹲跳过程中不得起立。

教学建议：①教师应讲清楚双人蹲跳动作的标准，保持身体下蹲的幅度和大小；②此游戏为双人蹲跳，一人面向前进方向，一人背向前进方向，也可以规定两人左、右脚同时侧向走或行进。

(三)"救伤员"

教学目的：增强学生的下肢及腹背力量。

游戏准备：篮球场地一块。

游戏方法：全体学生平均分为两队，在篮球场地端线后成纵队面向场内站立,每队选一人为"伤员"。游戏开始,各队队首学生背起"伤员"向前快跑,至中线返回,各队第二人重复队首学生动作,各队学生依次背"伤员",用时短的队伍获胜。

游戏规则:①"伤员"不得着地;②背"伤员"的学生必须双脚踏过中线才能返回。

教学建议:可将游戏改为"伤员接力救治"比赛。

(四)"鸭步"接力

教学目的:发展学生的下肢力量和协调性。

游戏准备:篮球场地一块。

游戏方法:全体学生平均分成两队,成标准半蹲姿势,双手背后,纵向站立在篮球场一边的端线后。游戏开始后,各队队首学生以半蹲姿势"鸭步"前行至中线返回,击本队第二人的手,此后各队学生依次完成上述动作,先完成的队伍为胜。

游戏规则:①行进过程中必须保持半蹲姿势,否则视为无效前进,必须重新从端线开始;②"鸭步"返回后,提前起动视为犯规,两人接力必须击掌,否则返回起点重做。

教学建议:①此游戏适合篮球运动初学者;②可与快跑结合进行游戏。

(五)"火车"赛跑

教学目的:发展学生的下肢力量和动作协调性。

游戏准备:篮球场地一块。

游戏方法:全体学生平均分成两队,面向场内,纵向列队站在篮球场地某一端线后,每个人右手抓身后同伴的右脚,左手搭在前面人的肩上。排头不伸脚、不搭手。游戏开始后,各队组成的"火车"协同跳动前进,先到达对面端线的队获胜。

游戏规则:①如果车出"故障",必须在原地"接好"后才能继续前进;②以"火车"车尾到达终点线作为完成游戏的标准,先完成的队伍获胜。

教学建议:教师可根据学生情况确定"火车"行进距离。

二、速度素质游戏

(一)单双数

教学目的:发展学生快速反应和跑的能力。

游戏准备:半径15米的圆形场地一块。

游戏方法:如图7-2所示,学生均匀地站在圆圈外,面向圈内并"1、2"报数,两人一组,游戏开始后,全体同学按逆时针方向围着圆圈做侧跨步跑动,当教师喊"1"时,单数学生要迅速进入圈内,双数学生要迅速抓住身边的单数学生,阻止其进入圈内,如没抓住,抓人者进圈停止游戏。当教师喊"2"时,则与喊单数时的角色互换。被抓住的同学要站在圈内停止游戏,如判断错误而误跑、误抓时,也要停止游戏站在圈内。其他学生原地重新报数,继续游戏。

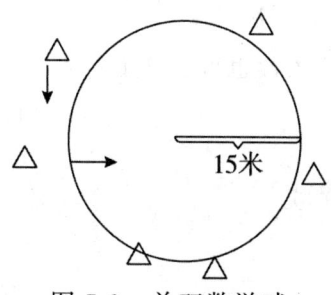

图7-2 单双数游戏

游戏规则:①游戏时只允许用手触拍,在进圈前触拍到即为抓住;②侧身跑动时,只能在圈外跑动。

教学建议:可用击掌或吹哨代替喊号,如击两次代表双数,击一次代表单数。

(二)你抓我救

教学目的:提高学生的移动速度。

游戏准备:篮球场地一块。

游戏方法:将球场的中圈列为"禁区",规定五名学生为追逐者,其余为被追逐者,可在除"禁区"外的场地随意跑动。被追逐者被抓进入"禁区",未被抓者可与"禁区"内同伴拍手营救被抓者。所有被追逐者都被抓入"禁区",或"禁区"内的人全部获救时游戏结束。

游戏规则:①解救被困者时,必须击掌;②解救被困者过程中被抓,要进入"禁区";③追逐者仅拍到被追逐者不算抓到,需抓住才行。

教学建议:可规定多个抓人者,增加难度。

(三)两人三腿

教学目的:发展学生的跑速和快速移动能力。

游戏准备:篮球场地一块。

游戏方法:两人一组,站在篮球场地某一端线后,两人肩并肩,相邻的手互搂同伴后颈,相邻的双脚绑在一起,形成"三条腿"。游戏开始后,各组以"三条腿"走向球场的另一条端线,先到达的组获胜。

游戏规则:①两人在前进过程中摔倒后,从摔倒处爬起继续前行;②三条腿都越过端线才算到达终点。

教学建议:根据学生人数也可以增加每组人数,如三人四脚、四人五脚进行游戏。

三、耐力素质游戏

(一)跑跳跟进

教学目的:发展学生的有氧耐力。

游戏准备:篮球场一块,篮球两个。

游戏方法:全体学生平均分成两队,纵队列队站在篮下两侧。排头各持一球,听到"开始"口令后,两排头投篮板球,并跳起接住球,要求投篮必须投进,然后再次投篮,不接,由后一名学生跳起接球;以后每名学生重复排头学生动作,依次进行,各队的学生均完成后,先完成的队获胜。

游戏规则:①必须跳起接球,否则取消成绩,重新开始;②必须投进球才能交由下一名学生进行跳投。

教学建议:可以由投进球改成投碰篮板,也可以规定先投到一定分数的队获胜。

(二)淘汰赛跑

教学目的:提高学生的速度耐力。

游戏准备:篮球场一个,在场地上画一个直径10米的圆,在圈外画一条线为起跑线。

游戏方法:全体学生纵向列队站在起跑线后,游戏开始后,每人绕场地上的圆圈跑两圈,最后跑完的人淘汰,其他人进行第二轮赛跑,再淘汰最后一个人,如此依次进行赛跑跑圈,直到剩下最后一名学生,游戏结束。

游戏规则:每次跑圈,必须听口令或者信号进行,抢跑的直接淘汰。

教学建议:结合学生人数规定跑圈数。

(三)见线折线跑

游戏目的:提高学生的速度耐力。

游戏准备:篮球场地一块。

游戏方法:全体学生平均分成两队,面向场地,纵向列队站立在篮球场地某一端线后。听到教师"开始"口令或者信号后,各队排头开始,依次快速跑到罚球线,再返回出发点,再到前场罚球线并折返回原点,然后跑到前场端线再返回至原点,和本队第二人击掌。依次进行,先完成的队获胜。

游戏规则:①依次进行的两名学生必须击掌后,下一名学生才能出发,否则算犯规;②每次到达场地上的线,必须越过线才能折回,否则算犯规,应重新再跑一次。

教学建议:根据学生情况,可以减少折返次数。

四、灵敏素质游戏

(一)躲竿

教学目的:发展学生的灵敏性及弹跳力。

游戏准备:篮球场地一块。一根竹竿(长5米左右),在一端系1米长左右的软绳,场地上画一个半径小于5米的圆圈。

游戏方法:如图 7-3 所示,参与游戏的学生站在圆圈线上,面向圆心,彼此间隔 1 米。教师站在圆心位置,手持竹竿没有系绳的一端画圈,学生在竹竿和绳经过脚下时跳起,避免碰触到竹竿和绳,如果碰到则淘汰,最后留下的同学获胜。

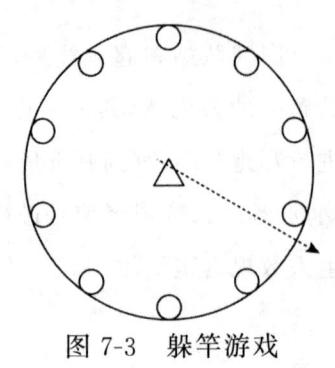

图 7-3 躲竿游戏

游戏规则:①学生不得逃离圆圈,应原地起跳;②不限制起跳方式,不得干扰他人起跳。

教学建议:①教师可顺时针或逆时针转动;②教师可规定一次练习转动的圈数,调动学生的积极性;③竿的转速应是匀速、匀加速或匀减速,高度提升必须有规律;④可用绳球做此游戏。

(二)贴人

教学目的:提高学生的快速跑能力及灵敏性。

游戏准备:篮球场上画一个半径 6 米的圆圈。

游戏方法:如图 7-4 所示,两人一组,并排面向圆心站立,每组之间间隔 2 米。游戏开始,指定一名学生为逃离者、一名学生为追逐者,两人自由跑动进行追逐和逃避追逐,逃离者可贴住站立在圆圈上的任意一组,则与其相隔的那名学生变成逃离者。在追逐过程中,如果逃离者被抓住,则逃离者与追逐者互换角色。

游戏规则:①追逐者拍到逃离者即为抓到;②逃离者不得跑离圆圈太远;③不能来回贴人。

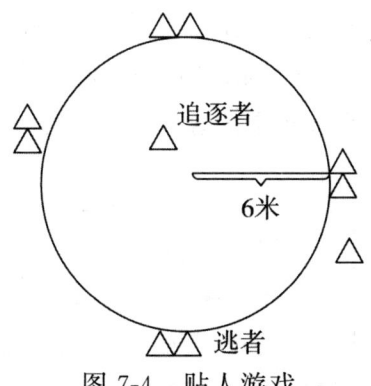

图 7-4　贴人游戏

教学建议：①可以两人一组，可以多人一组在圈线上站立；②站在圈线上的人可以并排站立，也可以双层前后站立；③可以规定逃离者只能从左侧或右侧贴人。

(三)巧入营门

教学目的：发展学生的灵敏性素质。

游戏准备：篮球场地一块，篮球四个。

游戏方法：全体学生平均分成两队，以篮球场中线为界，各以半场为营。在篮球场地中线位置放四个篮球，各球之间间隔2米，作为双方的营门。每轮游戏开始，每队选一名学生，进行攻守进入对方营地的对抗，必须从篮球组成的营门口进入。攻进得1分，抓到对方得1分。换下一组成员上场，上次为进攻的队的学生防守，上次为防守队的学生进攻。如此依次进行。全部学生完成游戏后，得分高的队伍为获胜方。

游戏规则：①攻方不得从营门外进入对方营地；②以中线为边界线，守方不得越过营门去拍攻方学生；③拍到即可，不需要抓住。

教学建议：此游戏适用于具有一定技术基础的学生。

五、弹跳素质游戏

(一)斗鸡

教学目的：发展学生的弹跳力和平衡能力。

游戏准备：篮球场地半块。

游戏方法:如图 7-5 所示,全体学生平均分成人数相等的两队,站在篮球场地规定区域内。游戏开始后,每一个人都用手搬起自己的一条腿,去撞击另一队的学生,离开规定的游戏区域或者双脚落地即淘汰。直到一队全军覆没,另一队获胜。

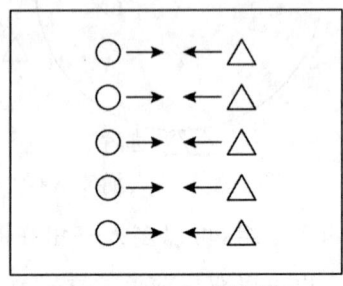

```
○→  ←△
○→  ←△
○→  ←△
○→  ←△
○→  ←△
```

图 7-5　斗鸡游戏

游戏规则:①游戏开始后即刻扳起腿,拖延时间者直接淘汰;②不能用手推搡对方,只能用腿部推撞。

教学建议:①可不分队,最后剩下的学生获胜;②可两人一组,进行一对一对抗。

(二)钻跳

教学目的:提高学生的灵敏性和弹跳力。

游戏准备:篮球场地一块。

游戏方法:全体学生平均分成人数相等的两队,纵向列队,站在篮球场地一边的端线外,各队第一人进入场内,做鞍马状,双腿分立,弯腰,双手扶膝,第二人以第一人为鞍马,支撑其背分腿跳过,与第一人间隔 2 米,做鞍马。第三人依次跳过第一人,从第二人腿下钻过,做鞍马。此后各学生依次做跳跃、钻过动作。直到全队人员完成游戏结束,先完成的队获胜。

游戏规则:①听和看教师信号或口令,不能抢先行动;②必须跳过、钻过,不得绕过。

教学建议:游戏前后先做几次分腿腾跃练习。

(三)跳台阶接力

游戏目的:提高学生的弹跳能力。

游戏准备:多级台阶。

游戏方法:如图7-6所示,在台阶下面前方2米处,画一条起点线,全体学生分成人数相等的两队,纵向列队站立在起点线后,各队从排头开始,依次单脚跳上台阶,再双脚跳下台阶,次序相邻的两人击掌后,下一名学生才可开始。各队学生依次进行,先完成的队获胜。

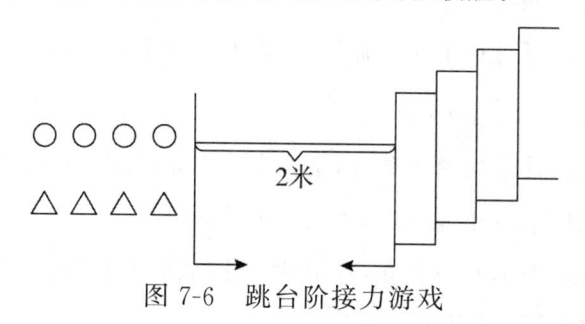

图 7-6　跳台阶接力游戏

游戏规则:①往上跳时,一次最多跳两级台阶,一次跳三级台阶算犯规;②下台阶用双脚跳,每次只能跳一级台阶,多跳者犯规。

教学建议:①限制学生一次跳的级数,防止受伤;②游戏前做好准备活动。

第三节　高校篮球运动教学技术类游戏

一、篮球运球技术类游戏

(一)胯下左右运球

教学目的:提高学生左右手交替运球能力和低运球能力。

游戏准备:篮球场地一块,每人一个篮球。

游戏方法:学生双腿前后开立成弓箭步姿势。双手交换运球,使球从双腿之间的地面向左右反弹。

游戏规则:不目视球,30秒内运球次数多为胜。

游戏建议:在学生掌握运球技术的基础上进行。

(二)胯下前、后运球

教学目的:提高学生控制球的能力。

游戏准备:篮球场地一块,每人一个篮球。

游戏方法:双腿左右开立,双手分别在身前和身后交替运球。

游戏规则:同胯下左右运球。

教学建议:可进行多人比赛练习,看谁在规定时间内运球次数多。

(三)胯下"8"字运球

教学目的:使学生熟悉球性,培养学生在腿间控制球的能力。

游戏准备:篮球场地一块,每人一个篮球。

游戏方法:双腿左右开立,双手持一球,放到双腿间,双手交换在腿间"8"字形围绕,反复进行。

游戏规则:①双脚平行或前后开立稍大于肩,下蹲,头部抬起,目不视球;②目标是在30秒内做35次以上,失败者接着练习,不准停球;③根据学生水平,可逐渐减少运球次数,如开始可以运3~4次绕1圈,直至减到运1次绕1圈。

教学建议:可进行多人比赛练习,看谁在规定时间内运球次数多。

(四)双手同时运两球

教学目的:提高学生双手运球和控制球的能力。

游戏准备:篮球场地一块,每人两个篮球。

游戏方法:双脚左右开立,稍分前后,膝微屈,双手各持一球。练习时,双手同时放球,按同一节拍运球。

游戏规则:①双手必须同时运球;②运球时必须用手指、手腕控制球;③运球中失误而丢球时,捡起球继续进行。

教学建议:可在篮球场地中设置障碍,要求学生运球绕过障碍。

(五)把球拍"活"

教学目的:提高学生手指、手掌控制球的能力。

游戏准备:篮球场地一块,每人一个篮球。

游戏方法:身体自然下蹲,将两球平稳地放在地面上,双手触击球的上部,用手指和手掌前部连续拍击球的上部,使球由静止状态反弹起来。

游戏规则:①只能用手指、手腕的力量快速拍按球,不得把球拿起来;②已把球拍"活"的学生不能去帮未把球拍"活"的同伴;③不得以任何方式干扰他人。

教学建议:如果不能满足每个学生一个篮球,可分成若干小组,组数与篮球数量相同,采用淘汰法进行对抗比赛。

(六)运球追逐

教学目的:提高学生行进间控球能力。

游戏准备:篮球场地一块,篮球若干。

游戏方法:两人一组,每人一个篮球,按既定路线相互追逐,追上得1分。两人共同返回起点位置,换一只手继续进行追逐。规定时间内得分多的获胜。

游戏规则:①规定追逐区域,不得逃离区域外;②运球失误应重新开始;③必须用规定的手运球。

教学建议:根据学生数量调整游戏,若学生多,可在场地不同区域划定路线同时进行。

(七)迎面运球接力

教学目的:发展学生行进间运球技术。

游戏准备:篮球场地一块,篮球两个。

游戏方法:全体学生平均分成人数相等的两队,各队再分 A、B 两组,各组成纵队、面向场内迎面站立在场地一侧端线后。两队的 A 组排头先持一球,用行进间高运球方法把球运至对侧端线,将球交给本队 B 组第一人,并排到该组末尾。B 组第一人重复上述动作将球交给本队 A 组第二人,依次进行,直到该队学生全部完成运球,先完成的队获胜。

游戏规则:①听和看教师信号或口令,不能抢先行动;②接力时必须用手递球;③运球失误,把球捡起,原地重新开始。

教学建议:学生过中线要换手运球,运球方式不限。

(八)运球障碍接力

教学目的:发展学生的快速运球和运球变向能力。

游戏准备:篮球场地一块,篮球两个,标志物四个。

游戏方法:在两个半场的左右两侧各放一个标志物,全体学生平均分成人数相等的两队,纵向列队站在球场一侧的端线后,从排头起每个学生按图示路线依次把球运至立柱,并以规定动作做运球突破,然后按原路线和动作返回,将球交给下一名学生,各队学生依次进行,先完成的队获胜。

游戏规则:①听和看教师信号或口令,不能抢先行动;②接力时必须用手递球;③运球失误,把球捡回原地重新开始。

教学建议:可规定多个不同的运球动作。

二、篮球传球技术类游戏

(一)三角传球

教学目的:提高学生原地传球能力和传球准确性。

游戏准备:篮球场一个,平整的空地一块,每三人一个篮球。

游戏方法:如图7-7所示,将全队以三人一组分成若干小组,两个组交错站位。学生相距3~4米,每人持一球,①传给②,②传给③,③传给①,❶传给❷,❷传给❸,❸传给❶,如此反复进行,先失误队为输队。

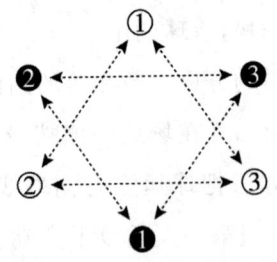

图7-7 三角传球游戏

游戏规则:①传、接球方式根据教师要求进行;②必须站在三角形的顶点上进行传、接球,不准踩线或过线。

教学建议:教师可规定传球方式和增减传球距离。

(二)两人传三球

教学目的:提高学生的传球技术。

游戏准备:篮球场地一块,篮球每两人三个。

游戏方法:两人一组,相对站立相距4~5米。两人用三个球原地单手体侧传接球,规定时间内传球次数多的组获胜。

游戏规则:①传接球失误,此次不算,从下次传球开始累计计算传接球次数;②球不能落地或有明显停顿。

教学建议:要求学生有一定技术基础。根据游戏可用篮球数量分组依次进行或几组同时进行。

(三)胯下传接球

教学目的:提高学生胯下传球、协调配合能力。

游戏准备:篮球场地一块,篮球每人一个。

游戏方法:两人背对背站立,双脚与肩同宽平行开立,其中一人双臂自然伸直持球于体前,开始时,将球传在两人双脚之间的地面上,使球从地面反弹起来,穿过胯下到另一人体前,使其双手在体前能将反弹过来的球接住。

游戏规则:①身体保持正直,双脚不要移动;②双眼平视前方,不要看球;③动作要连贯,中间不要有停顿。

教学建议:可通过规定两人间的距离增减游戏难度。

(四)跳起传接球

教学目的:提高学生跳起传接球的能力。

游戏准备:篮球场地一块,篮球每人一个。

游戏方法:两人面对站立,相距3米左右。练习时,持球者用双手或单手将球弧线传给对方,使球向对方头前上方落下,接球者跳起在空中用双手或单手接球,并在空中用双手或单手回传球,练习一段时间和一定次数后,两人交替练习。

游戏规则:①传球不要过低,要有一定弧线;②如果跳起后不能把球传出而着地,则视为带球跑犯规。

教学建议:可通过规定两人间的距离增减游戏难度。

(五)传球比准

教学目的:提高学生传球的准确性。

游戏准备:篮球场地一块,篮球若干个。

游戏方法:在半场罚球线两端画两个直径为2.5米的圆圈,全体学生平均分成人数相等的两队,纵向列队站在一侧端线后,每队选一名同学站在圆圈内,端线后排头者向圈内的同学传球,然后排至本队队尾,接球者不能出圈,接球后传回第二个人,第二人再传球给圈内的同伴,然后排至队尾,各队成员依次进行。传接球成功次数多的队获胜。

游戏规则:①接球人不得出圈接球;②传球人不能越过端线传球。

教学建议:可通过规定传接球人之间的距离增减游戏难度。

(六)传球比多

教学目的:发展学生快速传接球的能力。

游戏准备:篮球场地一块,篮球一个。

游戏方法:如图7-8所示,全体学生平均分成人数相等的两队,各队成员交叉围绕中线及发球点站立。得球方在本队学生之间连续传接球五次,传球过程中如不被对方抢断,得1分。规定时间内得分多的队获胜。

图7-8 传球比多游戏

游戏规则:①只能传球,不得运球、投球、带球走;②传球失误,重新计传球次数;③连续传球超过五次后,如对方一直不能打断,则可继续传球得分。

第七章 高校篮球运动教学与游戏

教学建议：根据学生人数决定围成的圈的大小。

(七)传球追逐

教学目的：提高学生快速传接球的能力。

游戏准备：篮球场地一块,篮球两个。

游戏方法：如图 7-9 所示,全体学生平均分成人数相等的两队。各队成员交叉围绕中线及发球点站立,围成一个圆圈,每队各出一人手持一球站立在圆圈中央,圈内的人背对背站立。游戏开始,圆圈中的学生依次向对面的本队学生传接球,本队学生接球后传回,先完成的队获胜。

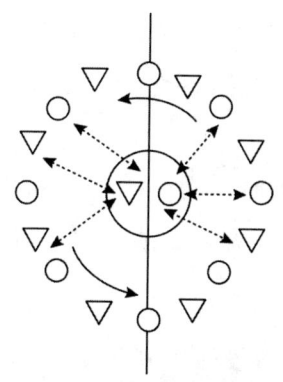

图 7-9 传球追逐游戏

游戏规则：①不得干扰他人传接球；②圈中人传接球不得出圈；③传接球失误,重新从第一人开始。

教学建议：可规定传球方式。

(八)传球触人

教学目的：发展学生快速传接球的能力。

游戏准备：篮球场地一块,篮球一个。

游戏方法：指定两人传球,其他人在场内任意跑动。传球人一边传球一边追逐拍击场上其他跑动的人,被拍击者加入传球人队伍,直到剩下最后一名没有被拍击的人获胜。

游戏规则：①拍击即为成功捕获跑动学生；②跑动者不许跑出场地规定范围。

教学建议:可先在半场进行,随着传球人数的增加扩大至全场。

三、篮球投篮技术类游戏

(一)包、剪、锤

教学目的:提高学生投篮时的弹跳力及灵敏性。

游戏准备:篮球场地一块。

游戏方法:两人一组,教师有节奏地喊"1、2、3"。当教师喊"1、2"时,学生用力向上跳,在教师喊"3"时落地成下列三种姿势:①双脚并拢落地,代表锤子;②双脚前后分开落地,代表剪刀;③双脚左右分开落地,代表包袱。根据双脚落地的姿势判别胜负,锤子胜剪刀,剪刀胜包袱,包袱胜锤子,胜得多者为胜。

游戏规则:必须按教师口令做。如果动作过慢,则判为犯规。

教学建议:可将学生分为两队,两队学生进行淘汰赛。

(二)连续跳投

教学目的:提高学生跳投的命中率。

游戏准备:半块篮球场地,篮球每人一个,标志物两个。

游戏方法:在半场的三分线内与端线相距约2米处放一标志物,全体学生平均分成人数相等的两队,纵向列队面向球篮站立于三分线外的两侧,排头不持球,其余的学生每人持一个篮球。听到"开始"口令后,各队排头向同侧标志物的方向做侧身跑,跑至标志物外接本队学生的传球急停跳投,返回本队队尾。依次进行,规定时间投中次数多的队胜。

游戏规则:①必须依次传、投,超越顺序的人投中无效;②必须在标志物外跳投,在标志物内投中无效;③传接球失误后应把球捡回再排列到队尾,不得原地重新投。

教学建议:可在两个半场同时进行比赛。

(三)"织布机"

教学目的:提高学生肌肉的弹性,培养学生快速协调能力。

游戏准备:储球场一块。

游戏方法:两人面对面手拉手,一人全蹲,一人站立。教师发出口令后,下蹲者迅速站起,站立者迅速下蹲,形成有节奏的一蹲一起,如同织布。

游戏规则:全蹲,且下蹲时不得提脚跟。

教学建议:可以进行定时分组淘汰赛。

(四)行进间运球投篮

教学目的:提高学生运球上篮能力,增强其身体协调性。

游戏方法:从篮球场端线开始,双手各运一球到篮下,一手持球,一手行间上投,然后单手抢篮板球运到对面端线。

游戏规则:①停球或运球失误者,必须从端线蛙跳到中线;②运球投球不中者,从端线蛙跳到中线。

教学建议:可视学生情况,降低难度,不规定运球手和投篮手。

(五)换球上篮接力

教学目的:发展学生快速运球上篮能力。

游戏准备:篮球场地一块,篮球四个。

游戏方法:将两个篮球分别放在中线上。全体学生平均分成人数相等的两队,分别纵向列队站在篮球场地两条端线外,面向场内。排头手持一个篮球,游戏开始后,快跑运球至中线,放下球,捡起地上的球运球上篮,投中后按原路返回,将球交给本队第二名学生,依次进行,先完成的队获胜。

游戏规则:①用手递球交接;②直到投中才能返回。

教学建议:可将上篮改为运球至罚球线投篮,不进补投。

(六)攻守投篮

教学目的:提高学生在攻守中投篮的灵敏性和应变能力。

游戏准备:篮球场地一块,篮球两个。

游戏方法:全体学生平均分成人数相等的两队,分别纵向列队站在篮球场地端线外,面向场内,排头学生手持球准备发球。游戏开始,各队发球后,通过各种篮球技术,将球投入对方篮中并设法阻截对方投篮。只要有一人投篮成功,则换两队的第二名学生进行攻守对抗。依次轮完,进球多的队获胜。

游戏规则:根据篮球比赛规则,如果有犯规的情况,则判对方在犯规的半场发界外球。

教学建议:①可通过规定投篮距离来增减游戏难度;②要求学生必须具备一定的攻守技战术基础;③对抗游戏运动量大,不宜持续过长时间。

第四节 高校篮球运动教学综合能力类游戏

一、注意力类游戏

(一)反动作

教学目的:提高学生的注意力。

游戏准备:篮球场地一块。

游戏方法:将学生分为甲、乙两队成两列横队站立,全体一齐做与教师发出的口令相反的动作。

游戏规则:凡做错者扣 1 分,规定时间内扣分少的一队获胜。

教学建议:教师发出的口令应清晰准确。

(二)发电报

教学目的:提高学生的注意力。

游戏准备:篮球场地一块。

游戏方法:将学生分为人数相等的两队,成纵队站立,队间间隔 3~5 米,学生间隔一臂背向教师站立。两队排尾的学生到教师面前接收"电报"内容,归队后用小声向他前面一个同伴口述"电报",按队列依次传到最前一人,最前面一人迅速跑到教师面前复述"电报"。速度快、复述正确的队获胜。

游戏规则：①传者和听者都不得缩短间距或转头去听；②"电报"内容只能按队列逐一传送，不得"越位"；③一方的"电报"内容被对方或被第三人听到，算"电报"被截获而失败。

教学建议：可以将篮球运动术语作为"电报"内容。

(三)找硬币

游戏目的：提高学生的注意力。

游戏准备：篮球场地一块，硬币一枚。

游戏方法：全体学生围成一个圆圈，面向圆心站立，选一名学生作为"猜者"站在圆心上，教师把硬币交给圆圈上任意一名学生。游戏开始，拿硬币的学生把硬币按顺（或逆）时针方向传下去，在传递中可做假动作（做传递动作但实际上并未传）。约10秒钟后教师鸣哨停止传递，由"猜者"猜测硬币在谁的手中。猜中换人，猜不中继续按目前状态进行游戏。

游戏规则：①任何人不得提示，谁提示谁换做"猜者"；②可允许"猜者"猜两次，两次均猜错则继续做"猜者"。

教学建议：可使用其他体积小、便于隐藏的物品代替硬币。

二、攻守能力类游戏

(一)双人抢球

教学目的：提高学生的抢球能力。

游戏准备：篮球场地一块，篮球若干。

游戏方法：全体学生分为人数相等的甲、乙两队，两队相距1米左右成横排站立，学生间也相距1米左右。在两队相对的两个学生间放一个篮球。两队一起做操或小步跑，听到哨声响后立刻抢球。

游戏规则：①学生只准用手抢球；②注意安全，如有意冲撞对方则立即判其出局。

教学建议：可将做操改为小步跑或深蹲。

(二)21分比赛

教学目的：培养学生的攻守转换意识，提高学生的快攻能力。

游戏准备:篮球场地一块,篮球一个。

游戏方法:全场五对五进行21分比赛,通过快攻进球才能计分,先得到21分的队获胜。

游戏规则:①抢到后场篮板球发动的快攻进球算4分;②抢断球和发球发动的快攻进球算3分。

教学建议:鼓励学生尽可能通过传球形成快攻。

(三)关门

教学目的:提高学生的防守能力,培养学生的配合意识。

游戏准备:篮球场地一块,篮球若干。

游戏方法:将学生分成两组,分别攻守。在场地上画几个与中圈同大的圆,每个圆心放一个篮球,每组分防守四人和进攻三人站于圆圈外。进攻组设法进入圆圈摸球,防守组则通过快速地移动及相邻两人的"关门"配合,不让对方进入圆圈摸球。规定时间攻守交换,摸球次数多的一组获胜。

游戏规则:防守方不能用手臂阻止对手;进攻方不能有推人动作。

教学建议:攻守人数可适当增减,但防守的学生至少比进攻的学生多一人。

三、放松类游戏

(一)报数

教学目的:让学生学会放松。

游戏准备:篮球场地一块。

游戏方法:让学生围成一个圆圈面向圆心站立,指定一人开始,按顺序报数,报到3或3的倍数时,不报数而用"哈哈"代替,做错者带做一节放松徒手操。

游戏规则:①按常规报数,不得抢报或停顿;②放松运动的徒手操必须做两个八拍以上,且不得重复前面的人已做过的动作。

教学建议:也可以换成其他数字。

(二)猜领袖

教学目的:让学生学会放松。

游戏准备:篮球场地一块。

游戏方法:全体学生围成一个圆圈面向圆心站好,选出一名"猜者"离开队伍并背向圆圈,另指定圈内一名动作引导人为"领袖"。"猜者"走进圆圈内,"领袖"以动作引导全体学生做放松动作,在"猜者"不觉察的情况下迅速变化动作,其他学生随之变换动作。"猜者"猜出谁是"领袖"。猜中由"领袖"代替猜者,猜不中罚其带全体学生做两节放松动作,每节做两个八拍。

游戏规则:①"领袖"必须不断变换动作,动作必须和放松动作有关;②其他学生不得对"猜者"有暗示,眼睛不得直盯"领袖"。

(3)违反规定者担任"猜者"。

教学建议:"领袖"变换动作不应超过三个。

(三)巨人、高人、矮人

教学目的:使学生得到放松。

游戏准备:篮球场地一块。

游戏方法:学生成两列横队面向教师站立,教师说动作,学生按规定做该动作两个八拍,失误少的组获胜。教师说的动作方法如下:

(1)"巨人":双臂放松上举,双脚原地踏步,同时深呼吸。

(2)"高人":上体放松前弯,双臂体前交叉,双脚原地踏步同时按节奏呼吸。

(3)"矮人":坐在地上,双手抖动大、小腿肌肉。

游戏规则:①每次练习中,做出动作与教师"说"的不一致者扣1分;②学生动作明显缓慢或更正者扣1分;③最后累计得分多者获胜。

教学建议:为增强趣味性,教师可无规则、无节奏地说。

第八章　篮球运动的安全营养保健

第一节　篮球运动的合理营养补充

一、篮球运动的科学营养

(一)营养概述

营养是指人体从外界环境摄取食物,经过消化吸收和代谢,利用其有益物质供给能量,构成和更新身体组织以及调节生理功能的全过程。

营养素是指人类为维持生命活动而摄取的外界食物中的养分。营养素是人类维持生命活动、促进健康发展的最根本物质。如果未均衡吸收营养素,就会对人体健康水平与活动能力造成不良影响。人体需要补充的营养素有六大类,分别是水、糖类、脂肪、蛋白质、矿物质和维生素。

1. 水

水是人类维持生存的重要营养素,人类离开水将无法生存。人体内含量最多的成分就是水,水约占成人体重的2/3。如果人体内缺水,就会影响正常的生理功能。水的营养功能主要体现在以下几个方面。

(1)水能够使腺体分泌保持正常。

(2)水参与人体正常的代谢过程。

(3)水能够调整并维持正常的体温。

人体所需水的主要来源是饮料和食物。通常,成人每天需要补充的水分是2000~2500毫升,学生在篮球运动中补充水分的量具体要以年龄、气候和运动强度等情况为依据。

2. 糖类

糖类又被称为"碳水化合物",碳、氢、氧是糖类的主要构成成分。根据糖类分子结构的差异,可以将糖类分为单糖、双糖和多糖三大类。单糖包含半乳糖和葡萄糖;双糖包含蔗糖、麦芽糖和乳糖;多糖包含纤维素、淀粉、糖原和果胶。糖类的营养功能主要体现在以下几个方面。

(1)糖类提供机体所需的能量,维持机体正常的生理活动。

(2)糖类有利于有效吸收和利用蛋白质。

(3)糖类能够构成细胞和神经,具有重要的作用。

日常主食、蔬果、饮料和甜品中含有大量的糖类,能够满足人体正常的生理功能需要。

3. 脂肪

组成脂肪的几种主要元素是碳、氢和氧,作为人体重要的组成成分,脂肪在人体内具有举足轻重的作用。脂肪的营养功能主要表现在以下几个方面。

(1)脂肪是构成人体组织细胞的重要成分。

(2)脂肪包围在人体器官周围充当脂肪垫,主要用来保护人体器官和神经,以免器官和神经受外伤。

(3)脂肪能够维持人体体温,并可以有效保护人体的内脏器官。

肥肉、乳酪、奶油及蛋黄等动物性食物是脂肪的主要来源。除此之外,大豆、芝麻、花生等植物性食物中也含有较多的脂肪。

4. 蛋白质

蛋白质是一切生命的基础,是构成细胞的主要成分。蛋白质的主要构成元素有氧、碳、氢和氮。根据食物蛋白质的营养价值,蛋白质可分为三大类,即完全蛋白质、不完全蛋白质和半完全蛋白质。蛋白质的营养功能主要表现为以下几个方面。

(1)蛋白质是构成和修补机体组织的重要物质,保证机体正常的生长发育。

(2)糖类和脂肪不能完全提供机体需要的能量时,蛋白质能够参与供能。

(3)蛋白质可以构成抗体,抗体具有免疫作用,能够增强机体抵抗细菌和病毒的能力。

蛋类、豆制品、肉类、坚果、乳制品等食物是蛋白质的主要来源。一般来说,动物性蛋白质要比植物性蛋白质更优质。锻炼强度和年龄等因素影响人对蛋白质的摄入量。

5.矿物质

矿物质也被称为"无机盐",主要包括两大类:一类是含量较多的常量元素,包括钙、钠、磷、镁、氯、钾、硫等;另一类是含量较少的微量元素,包括铁、锌、碘、铜、硒、镍、钼、氟、钴、铬、锰、硅、锡、钒等。矿物质的营养功能主要表现在以下几个方面。

(1)矿物质是构成机体组织的重要成分。

(2)矿物质能够保持机体内的酸碱平衡。

(3)矿物质有利于合成与利用机体内的其他营养物质。

奶和奶制品是矿物质中钙的主要来源;动物内脏(特别是肝脏)、动物血液、鱼类、畜禽肉类是铁的主要来源;动物性食物是锌的主要来源。

6.维生素

维生素也称"维他命",维生素是维持机体健康所必需的营养素。维生素主要分为两大类:一类是脂溶性维生素,包括维生素 A、维生素 D、维生素 E、维生素 K 等;另一类是水溶性维生素,包括维生素 C 族、维生素 B 族。维生素的营养功能主要表现在以下几方面。

(1)维生素 A 的功能主要是健齿、健骨、润肤、助消化等。

(2)维生素 B_1 在能量代谢及糖代谢生成 ATP 的过程中起着重要作用。

(3)维生素 C 具有抗氧化、缓解疲劳、缓解肌肉酸疼等作用。

动物的肝脏、深绿色或深黄色的蔬菜、红色或黄色水果、蛋黄等是维生素 A 的主要来源;米、面、核桃、花生、芝麻和豆类等粗粮是维生素 B_1 的主要来源;水果、叶菜类、谷类等是维生素 C 的主要来源。

(二)篮球运动的营养需求

1. 水

一般情况下,当人体感到口渴时,就已经处于轻度脱水的状态。机体脱水容易造成运动能力下降,所以要提前进行补水。学生进行篮球运动时主要在以下三个阶段补水。

(1)课程前补水

学生要根据课程情况、气候和自身的情况进行运动前补水,这是很有必要的。课前补水可以防止运动过程中发生脱水现象。一般认为,学生在进行篮球运动前2小时饮用0.4~0.6升的含电解质和糖的饮料,或篮球运动前补0.4~0.7升的水较为适宜。补水要遵循少量多次原则。

(2)课程中补水

学生在篮球运动中的补水量要根据出汗量来确定,通常,运动中的补水总量不超过0.8升/秒。总补水量不超过总失水量的50%~70%,如果学生篮球运动时间不超过1小时,只需要补充纯净水。

(3)课程后补水

很多学生在篮球运动的过程中补水不足,因此在课程后的补水就显得很重要。课程后适宜补充含糖的饮料或水,有利于恢复血容量。课程后不能大量补水,补充大量水分会使出汗量和排尿量增加,从而使人体的电解质加速丢失,对肾脏和肝脏造成重大负担,造成胃扩张,对呼吸不利。

2. 能量

学生进行篮球运动要消耗大量能量,因此,学生每日不仅要摄入满足正常生理发育的能量,而且要补充篮球运动中消耗的能量。篮球运动的负荷越大,就会消耗越多的能量,摄取的膳食能量也应随之增加。

身体素质训练是篮球运动必备的。学生在进行身体素质训练中的耐力练习时消耗的能量较多,因此需要供给较多能量。学生进行中等强度的耐力运动超过30分钟,肌糖原消耗接近耗竭,但氧供应仍然充足,这时机体开始动用大量脂肪分解供能。因此,学生进行篮球运动中的有氧耐力训练时,应补充含有充足糖和脂肪的食物。

学生在进行篮球运动期间,饮食中脂肪的供给要适量。过多食用脂肪会影响人体吸收蛋白质和铁等营养素,而且脂肪不易消化,会在胃内停留过长时间,从而影响运动。学生参加篮球运动时,膳食中脂肪含量在25%~30%较为适宜。

糖是学生进行篮球运动的主要能量来源,学生的耐力与体内肌糖原水平是正相关关系。肌糖原水平低,学生在篮球运动中易疲劳。因此,学生要注意补充糖。

补糖的特点因篮球运动性质不同而不同。若学生进行短时间、低强度的篮球运动,则不需要补糖;若进行超过60分钟、大强度的篮球运动,则需要补糖。运动前补糖的时间主要集中在15分钟前、2小时或2小时前;运动中补糖可以提高血糖,延缓运动中出现的疲劳;运动后补糖可以促进糖原的恢复。

3. 蛋白质

学生在篮球运动中需要补充蛋白质的量与下列因素有关。

第一,篮球运动的状态。学生在大运动量的篮球运动初期,由于细胞损伤增加,因此要增加蛋白质补充量。

第二,篮球运动的类型、强度、频率。长时间剧烈的篮球运动非常考验耐力,会加快蛋白质代谢,因此要增加蛋白质补充量。

第三,热能短缺和糖原储备不足时,应增加蛋白质的补充量。

学生在进行篮球运动过程中,要注意保持蛋白质营养的"正平衡"状态,同时,蛋白质的补充量要根据体育训练的不同类型而有所变化。学生进行力量训练时,蛋白质供给量是每日总能量的15%~18%,力量训练时蛋白质的供给有利于强壮骨骼肌和增加肌肉力量。进行其他形式的练习时,蛋白质供给量一般是每日总能量的14%~16%。

维生素的主要作用是维持和调节机体正常代谢。人体不能合成大部分的维生素,体内的维生素无法满足人体需要,因而需要通过食物摄取。学生如果在日常饮食中缺乏维生素的补充,就会影响身体健康水平,出现维生素缺乏症。因此,参加篮球运动课程的学生要保证饮食中维生素的充分供应,以提高自身的运动能力。

二、膳食平衡

(一)膳食平衡的原则

膳食平衡是指膳食中所包含的各种营养素和热量要比例适当、种类齐全,能够满足机体进行各种运动时所需的营养。膳食不平衡,则会影响机体正常生理功能的发挥,严重者会出现相应的营养缺乏或是营养不足症状。膳食平衡原则应做到以下三点。

1. 全面性

全面性原则要求,在膳食方面各种营养素的摄取应全面。人体需要的营养素众多,包括蛋白质、脂类、碳水化合物、维生素、无机盐、水、纤维素等。这些营养素都对人体具有独特的作用,如果有所欠缺,就会影响人体的某项生理功能。因此,运动者的日常饮食一定要全面,避免食物的单一化和长期固定化。

2. 平衡性

平衡性是指各种营养素的供给应与人体之间形成相对的平衡,供应量既不能过剩也不能短缺。篮球运动训练的负荷相对较大,因此应注重高能量食物的补充;对于女性而言,要更加注重铁的补充。在不同的季节和不同的训练强度下,应适当调整饮食。营养摄入过少,不能满足需要,会导致营养不良;摄入过多,既浪费又会对机体造成负担。

3. 适当性

适当性原则是指各营养素之间的搭配要适当。饮食之间进行合理搭配能够更好地促进人体营养素的吸收和利用。在日常饮食中,要注重蛋白质、脂肪和碳水化合物之间的搭配,荤素比例适当。膳食的适当性原则还强调注重主副食品的搭配,慎重服用营养保健品。

(二)膳食平衡的具体要求

1. 各种营养素和热量摄入的平衡

营养专家认为,人们从膳食中摄取的各种营养素在一定时期内应保持在一定的标准范围内。中国营养学会制定了相应的营养素每日供给量标准,运动者应该根据该标准调整食物的搭配和供应。

糖类、蛋白质、脂肪均能给机体提供热量,故称为"热量营养素"。糖类、蛋白质、脂肪三者摄入量的合适比例为 6.5∶1∶0.7。另外,运动者不仅要注重三大能源物质的供应,还要注重维生素、矿物质的补充。

2. 酸碱平衡

人体的各部分都会有相应的酸碱度,一般情况下人体各部分的 pH 值保持在相应位置,如果饮食搭配不当,酸碱不平衡,会导致人体的酸碱失衡。篮球运动训练的负荷量相对较大,在运动之后人体可能会产生相应的酸性代谢物质,因此,在饮食中应该注重碱性食物的搭配。常见的酸性食品和碱性食品如下。

(1)酸性食品

动物类:鸡肉、鱼肉、猪肉、牛肉等。

植物类:大米、面粉、花生等。

(2)碱性食品

蔬菜类:海带、菠菜、萝卜、南瓜、黄瓜、四季豆、藕等。

水果类:西瓜、香蕉、苹果、草莓等。

3. 氨基酸平衡

世界卫生组织提出了人体所需的八种必需氨基酸的构成比例,见表 8-1。食物中所含的氨基酸比例与表中的比例越接近,其越能够被人体所吸收利用,其营养价值也相对越高。但是多数食品的氨基酸构成具有一定的不平衡性,这在一定程度上影响了人体的摄取。

表 8-1　人体必需的八种氨基酸

氨基酸	蛋白质(毫克/克)
异亮氨酸	40
亮氨酸	70
赖氨酸	55
蛋氨酸+胱氨酸	35
苏氨酸	40
色氨酸	10
缬氨酸	50
苯丙氨酸+酪氨酸	60

三、学生参加篮球运动的膳食建议

(一)合理安排一日三餐

1. 时间安排

人的日常三餐应保持固定,这样对于肠道的消化和吸收有利。一般两餐之间的间隔时间在 5 小时左右。每次吃饭的速度也应合理安排,既不能太快,也不能太慢。

2. 热能安排

一般早餐占全天总热量的 30% 左右,午餐占全天总热量的 40%~45%,晚餐占全天总热量的 25%~30%。

(二)培养良好的个人饮食素养

(1)用餐环境保持安静、清洁,最好不吃街头无食品卫生许可证摊贩的食品;购买食品时应注意保质期。

(2)在饮食上还要注意营养卫生,少吃太咸、太油腻的食物,以及油炸和烟熏的食物。

(3)加强自身对于营养和保健知识的认识和了解,讲究合理的膳食结构,掌握好搭配和比例。慎重服用保健类和营养类药物。

(三)合理加餐

篮球运动对于人体的能量消耗较多,因此,可考虑适当加餐。加餐的食物摄入量不宜过多,而且要以碳水化合物为主。加餐应保证不影响正常的三餐饮食。

四、篮球运动前后的饮食注意事项

在篮球运动前后,应注意以下几方面的饮食问题。

(一)避免空腹时的大量运动

在空腹的情况下,人体的血糖含量会相对降低,在运动过程中可能会产生头昏、四肢乏力等症状,严重者甚至会晕厥。空腹运动训练也可能会导致腹痛,还会抑制消化液的分泌,降低消化功能,容易发生意外。

(二)饭后不大量运动

在饭后,人体的消化器官需要大量的血液供给,这时候进行运动训练会导致消化系统的血液流量减少,从而影响人体对食物的消化和吸收。如果在饭后进行大量的运动,会影响肠胃的蠕动,引发胃痉挛、呕吐等症状。因此,运动者应在饭后过一段时间再进行运动训练,一般可在饭后1.5~2小时后进行。

(三)运动中不大量饮水

在篮球运动中,由于运动量巨大,人体的出汗量也会较多,会引起人体的缺水。在补水时应注意控制饮水的量,采取少饮多次的方法来补水。可饮用功能性饮料,以补充人体流失的矿物质。

如果饮水量过多,会使胃部膨胀,妨碍膈肌活动,影响正常呼吸,并对肠胃、心脏有害。在运动中大量饮水,会使得人体的盐分丧失增多,从而导致人体出现四肢无力、抽筋等现象。在训练过程中,口腔和咽喉黏膜的水分蒸发或尘埃刺激、空气干燥以及唾液分泌减少等原因也可能导致口渴,在这种情况下可用水漱口的方法来缓解口渴。

(四)运动前不吃油腻或过咸食物

油腻食物不容易消化,肠胃需要更多的血液来帮助消化,肝脏也会分泌大量的胆汁,这会造成腹胀,并且影响运动器官的血液供应。

在运动训练之前,食用过咸的食物会导致引起口干舌燥,如果大量饮水会影响运动的效果。

第二节 篮球运动的疲劳与消除

一、运动性疲劳的概念

运动性疲劳是机体生理过程不能持续其机能在一特定水平上,或各器官不能维持预定的运动强度的现象。

二、运动性疲劳的外周机制

外周疲劳发生于神经肌肉接点,止于骨骼肌收缩蛋白。不同强度、时间、运动形式所产生的疲劳机制是不同的,因此提出了许多有关运动性疲劳产生机制的学说,如能源衰竭学说、离子代谢紊乱学说、自由基致损伤学说、保护性抑制学说、突变学说等。

(一)能源衰竭学说

能源衰竭学说认为,运动过程中体内能源物质大量消耗而得不到及时补充是产生疲劳的主要原因。运动性疲劳与能源物质消耗过多密切相关,且运动强度、时间不同,消耗的能源物质不同。

(1)在短时间大强度的运动中,机体的主要能源 ATP 和 CP 在肌肉中含量很低,仅能供应 10 秒以内的大强度运动。

(2)在中等强度的运动中,机体主要靠糖酵解和有氧氧化混合供能,由于人体肌肉中糖原含量仅 200~400 克,以酵解方式供能仅能维持 1 分钟。

(3)在长时间运动中,机体主要以糖和脂肪的有氧氧化功能为主,肌糖原的消耗会随着练习强度的增加而增加,人体工作能力的下降往往伴有血糖浓度的降低,补充糖有助于工作能力的提高。

(二)离子代谢紊乱学说

运动时,离子代谢紊乱会导致运动性骨骼肌疲劳的产生,影响运动性疲劳的主要离子有 Ca^{2+}、K^+ 和 Mg^{2+}。

1. Ca^{2+} 与运动性疲劳

Ca^{2+} 代谢异常是引起肌肉结构和肌肉机能变化,从而导致运动性疲劳产生的重要因素之一。运动中 Ca^{2+} 的增加对运动性疲劳的产生主要表现在以下两个方面。

第一,Ca^{2+} 的过度增加可以激活磷脂酶 A2、中性蛋白水解酶、溶酶体酶等,造成骨骼肌的结构和功能破坏,从而导致运动性疲劳。

第二,细胞 Ca^{2+} 增加时,主动摄入 Ca^{2+} 的线粒体会抑制其自身氧化磷酸化,使氧化磷酸化脱离偶联,减少 ATP 的生成,造成运动能力下降。

运动产生的 Ca^{2+} 的积累可能减弱甚至阻止 T 管活动,阻碍肌丝滑行的完成;运动衰竭时,心肌与腓肠肌的肌球蛋白 Ca^{2+}—ATP 泵活性会明显降低,Ca^{2+} 失衡;在长时间的运动中,运送到肌浆网状组织中的 Ca^{2+} 会减少,不能满足运动需要,使机体产生疲劳;长时间运动所引起的能量下降是因为 Ca^{2+} 不均衡导致的。

2. K^+ 与运动性疲劳

一方面,细胞内 K^+ 的流失会因运动中细胞持续兴奋而不断增多。力竭时,细胞内、外 K^+ 浓度比会由 40 下降到 20,影响正常动作电位的形成,从而导致肌张力降低,产生疲劳。

另一方面,钾含量的下降可能减少体内葡萄糖的利用,抑制胰岛素分泌,减少骨骼肌糖原贮备,从而导致运动能力下降,引发疲劳。

3. Mg^{2+} 与运动性疲劳

镁在糖、脂肪、蛋白质等的代谢中发挥着至关重要的作用,是机体内许多关键酶的辅助因子。

细胞内 Mg^{2+} 可以参与细胞 Ca^{2+} 浓度的调节,抑制线粒体摄取 Ca^{2+}。

运动中,细胞 Mg^{2+} 含量的下降对运动性疲劳的影响表现在以下两个方面。

(1)使许多关键酶活性降低,导致细胞代谢障碍,引发疲劳。

(2)引起 Ca^{2+} 代谢紊乱,降低机体运动能力,导致机体疲劳。

(三)自由基致损伤学说

自由基是指游离在外层轨道带有不成对电子的离子、原子、分子等物质,如氧自由基、羟自由基、过氧化氢、单线态氧等。

自由基在人体的存在是利弊参半的。在生理浓度的条件下,自由基在生物体内是有利的,如使纤维细胞增殖、调节血管舒张、杀菌等;另外,自由基可以与不饱和脂肪酸发生脂质过氧化反应生成过氧化物,过氧化物对细胞具有毒性作用。自由基过多会导致核酸受损、蛋白质交联或多肽断裂,使代谢酶因交联聚合而失去活性。

氧自由基与运动的关系最为密切。正常情况下,人体内氧自由基的产生和清除是平衡的。但是,氧自由基一旦过多或抗氧化系统出现故障,其代谢就会出现失衡。自由基的失衡会导致机体细胞损伤,引发心脑血管疾病、白内障、糖尿病、炎症、癌症等。运动时,氧自由基的增加是导致运动性疲劳发生的一个重要因素。

运动前,给机体补充适当的抗氧化剂能够有效地降低运动后的脂质过氧化程度,延缓疲劳的出现。

(四)保护性抑制学说

体力的疲劳和脑力的疲劳均是大脑皮质保护性抑制发展的结果。运动时,神经细胞长期处于兴奋状态,导致"消耗"增多,当消耗到一定程度时,为了避免细胞的进一步消耗,机体就会启动保护性抑制,即出现运动性疲劳。

(五)突变学说

肌肉疲劳的突变理论弥补了以往用单一指标研究运动性疲劳的缺陷,从能量代谢、肌肉力量、兴奋性或活动性等方面综合分析了疲劳产生的原因。

突变理论把疲劳的产生和细胞内能量消耗、肌肉力量下降、兴奋性与活动性丧失三者之间的关系连接起来,描述了疲劳发生的途径主要包括以下几个方面。

(1)在运动性疲劳中,机体只是单纯的能量消耗而不存在兴奋性丧失。例如,运动性疲劳出现后,机体的ATP水平会下降,即使继续运动下去,也不会出现肌肉中的ATP下降至零的现象。

(2)疲劳可能是能量消耗和单纯兴奋性丧失两个方面的综合表现。

(3)综合能量消耗和兴奋性的平衡丧失,但没有突变。

(4)能量消耗和兴奋性丧失的衰变存在一个急剧下降的突变峰,即兴奋性突然崩溃,目的在于避免能量贮备进一步下降而产生灾难性变化,并伴随输出功率或力量的突然衰退,这是疲劳突变理论的核心。

从疲劳控制链的角度来看,一个(或几个)环节的中断都会相应地引起某种运动性疲劳,但并不是所有形式的运动性疲劳都一定伴随着疲劳控制链中一个(或几个)环节的中断。目前,用疲劳突变来解释疲劳虽然建立在大量实验结果的基础上,但是它还只处于纯理论阶段。

三、篮球运动产生疲劳的恢复措施

运动疲劳是体内多种因素综合变化的结果,要想使其恢复的速度和效果更为理想,就要求采用多种科学手段,否则达不到预期的效果。篮球课程运动疲劳恢复的措施有很多,其中,最主要的包括运动性疗法、睡眠、物理疗法、温水浴及冷热水交替浴、心理放松疗法等。

(一)运动性疗法

运动疗法是以运动学和神经生理学为基础,利用人体肌肉关节的运动,以达到防治疾病、促进身心功能恢复和发展的方法。它是康复医疗的重要措施之一,要想达到较为理想的恢复效果,就要以运动员的实际情况为主要依据,以运动处方的形式,有针对性地选择适合的运动方法,从而确定适当的运动量。具体来说,运动性疗法的具体措施主要有以下两种主要形式。

1. 积极性休息

用变换活动部位和调整运动强度的方式来消除疲劳的方法,就是积极性休息。在休息期间来自左手肌肉收缩时的传入冲动,会加深支配右手的神经中枢的抑制过程,并使右手血流量增加。与安静休息相比较,活动性休息可使乳酸的消除速度增加。积极性休息是运动疲劳恢复的重要措施之一,运用也较为广泛,其恢复效果也较为理想。

2. 整理活动

整理活动指的是在正式训练结束后进行的一些相对轻松的身体活动,这些活动有助于加速身体功能的恢复,是一种有效消除疲劳和促进体力恢复的方法,因此应给予充分的重视。当一个人跑到终点并保持站立不动时,他的血液会在下肢扩张的血管中大量积累,这会导致静脉回流到心脏的血量减少,降低心排血量,引发血压下降和暂时性脑贫血,从而导致一系列的不适感,甚至可能出现所谓的"重力性休克"。进行剧烈运动后的整理活动的核心价值在于,它不仅有助于维持心血管和呼吸系统的高水平,同时也对乳酸的消除起到了非常积极的推动作用。

一般整理活动应包括慢跑、深呼吸、体操、肌肉放松练习、静力牵伸练习等内容。肌肉静力牵伸练习对缓解运动后的肌肉紧张、放松肌肉、预防延迟性肌肉酸痛、消除肌肉疲劳、保持和改善肌肉质量都有良好的作用。总的来说，整理活动具有及时放松肌肉，避免局部循环障碍影响代谢过程，进而延长恢复过程的重要作用。但是，为了保证理想的恢复效果，整理活动的量不要大，要尽量缓和、放松，使身体逐渐恢复到安静状态。

(二)睡眠

睡眠是最好的消除运动疲劳、恢复机能的治疗方法。人在睡眠时机体与环境的主动联系大大减弱，失去了对环境变化的精确适应能力，全身肌肉处于放松状态。睡眠可使人的精神和体力得到恢复。通常情况下，成年人每天需要睡眠 7~8 小时，青年大约需要 8~10 小时。对于存在运动疲劳的运动员，睡眠时间可能需要更多一些，但并不是越多越好，应根据他们的疲劳程度确定适当的睡眠时间。

(三)物理疗法

将天然的或人工的物理因子，如光、电、声、磁、热、冷等作用于人体，引起局部或全身的生理效应，从而起到康复和提高机能的治疗方法，就是所谓的物理疗法。物理疗法的形式有很多种，比如常见的电疗、光疗、水疗、冷疗、蜡疗、超声波疗、热疗、磁疗以及生物反馈等治疗。

蜡疗的运用范围较为广泛，以此为例，来介绍物理疗法。蜡疗的主要特点是热容量大，导热性小，几乎无对流现象。石蜡有很高的蓄热性能，在冷却过程中可释放大量热能。石蜡用于治疗的作用主要表现为两个方面：一是温热作用，皮肤能耐受 60℃~70℃ 的石蜡而不被烫伤；二是机械压迫作用，石蜡对肌腱挛缩有软化、松解作用。因此，蜡疗的主要作用为：防止淋巴液渗出，减少水肿，促进渗出液吸收，扩张毛细血管和增加血管弹性。

(四)温水浴及冷热水交替浴

消除肌肉疲劳的一种最简单方法，就是沐浴。沐浴能使血管扩张，对血液循环和新陈代谢起到积极的促进作用。温水浴水温以 42℃ 左右为宜，时间为 10~15 分钟，每天 1~2 次。训练结束后 30 分钟可进行温水浴。但是,在应用温水浴时需要注意:为了保证理想的消除疲劳效果,入浴时间不能过长、次数不能过多,水的温度也不能过高,否则就会起到相反的作用,加重疲劳。

冷热水浴可交替性地刺激血管收缩和舒张,能有效促进血液循环。进行冷热水浴时,热水温度 40℃,冷水温度 15℃,冷水浴时间为 1 分钟,热水浴时间为 3 分钟,交替 3 次。

(五)心理放松疗法

行为疗法和合理情绪疗法是两种常见的心理放松疗法,这两种疗法各具特点,作用也有一定的区别。

行为疗法又称"行为矫正疗法",是 20 世纪 50 年代迅速发展起来的一种重要的心理学理论和治疗技术,它是按照一定的程序,采取正、负强化的奖惩方式,对个体进行反复训练,以消除或矫正不良行为的一种心理疗法。

合理情绪疗法是以认知理论为基础,结合行为疗法的某些技术,以矫正人们认知系统中非理性的信念,促进心理障碍得以消除的心理疗法。

在训练和比赛之后,采用心理放松疗法,能够达到较好的消除疲劳效果,具体表现为:使神经的紧张程度有所降低,心理的压抑状态得到一定程度的缓解,神经系统的恢复速度也有所加快,这样就能够更好地促进身体其他器官机能的恢复。

音乐疗法是心理放松疗法中应用较为广泛的方法之一。从生理角度看,音乐作为一种声音刺激,可通过机体的反射作用迅速产生一系列生理和心理反应。音乐的性质不同、表现形式不同,其对人体的作用也就有一定的差别,具体来说,主要表现在以下几个方面:节奏快而有力的音乐主要作用是增强心脏功能,改善血液循环;节奏缓慢的音乐主要作用是使人放松,并有催眠镇静的作用;旋律优美的音乐主要作用是使人们的心情愉快、平静,有助于消除人的紧张情绪。除此之外,音乐的作用还表现为改善注意力,增强记忆力,提高人们对环境的适应力。

参考文献

[1]高峰.现代高校篮球运动及其教学实践分析[M].北京:中国纺织出版社,2018.

[2]何小军.大学体育与健康篮球选项教程[M].成都:西南交通大学出版社,2018.

[3]黄德星.篮球训练执教方略[M].昆明:云南大学出版社,2014.

[4]纪德林.高校篮球运动教学与训练的指导及优化[M].北京:北京工业大学出版社,2020.

[5]刘健.当代高校篮球教学理论与实践方法研究[M].北京:经济科学出版社,2022.

[6]刘强.基于多维视角的高校篮球教学研究[M].北京:人民日报出版社,2017.

[7]鲁茜.篮球教学与训练[M].上海:华东师范大学出版社,2018.

[8]邱红武.篮球规则理论解析与实践[M].厦门:厦门大学出版社,2022.

[9]任金锁,李昂.高校篮球运动教学与训练研究[M].长春:吉林大学出版社,2012.

[10]孙静.高校篮球运动教学与训练研究[M].长春:吉林出版集团股份有限公司,2022.

[11]孙锡杰.多维视角下的高校篮球教学体系研究[M].广州:广东人民出版社,2022.

[12]孙月舟,胡长居.篮球训练与规则[M].成都:电子科技大学出版社,2017.

[13]谭晓伟,岳抑波.高校篮球教学开展的理论与实践研究[M].长春:吉林人民出版社,2018.

[14]田穗.高校篮球教学理论与实践探索[M].北京:中国原子能出版社,2012.

[15]王小玲.大学篮球教学的理论研究与训练实践探索[M].北京:海洋出版社,2023.

[16]王新.高校篮球训练研究[M].长春:东北师范大学出版社,2019.

[17]王振中.现代高校篮球教学理论与实践研究[M].长春:吉林大学出版社,2020.

[18]肖春元.大学体育篮球教学改革研究[M].哈尔滨:黑龙江教育出版社,2019.

[19]闫萌萌,张戈.当代高校篮球教学与训练实践研究[M].太原:山西经济出版社,2020.

[20]杨培培,夏重华,史博强.现代篮球体能训练理论与实践研究[M].青岛:中国海洋大学出版社,2022.

[21]姚思.基础性运动与篮球发展[M].郑州:黄河水利出版社,2022.

[22]于洋.高校篮球教学训练技巧研究[M].北京:新华出版社,2020.

[23]张海利,张海军.现代高校篮球教学理论与方法研究[M].北京:新华出版社,2015.

[24]张伟,肖丰.高校篮球运动教学理论与方法研究[M].北京:新华出版社,2019.

[25]张向荣.篮球裁判员执裁行为的理论与实践研究[M].长春:吉林出版集团股份有限公司,2022.

[26]张艳秋,佟彬,张晓萍.大学篮球教学与训练导论[M].哈尔滨:东北林业大学出版社,2014.

[27]朱明江.高校篮球运动教学开展的理论与实践[M].北京:中国水利水电出版社,2017.

[28]朱亚男.高校篮球运动教学与训练研究[M].北京:九州出版社,2017.